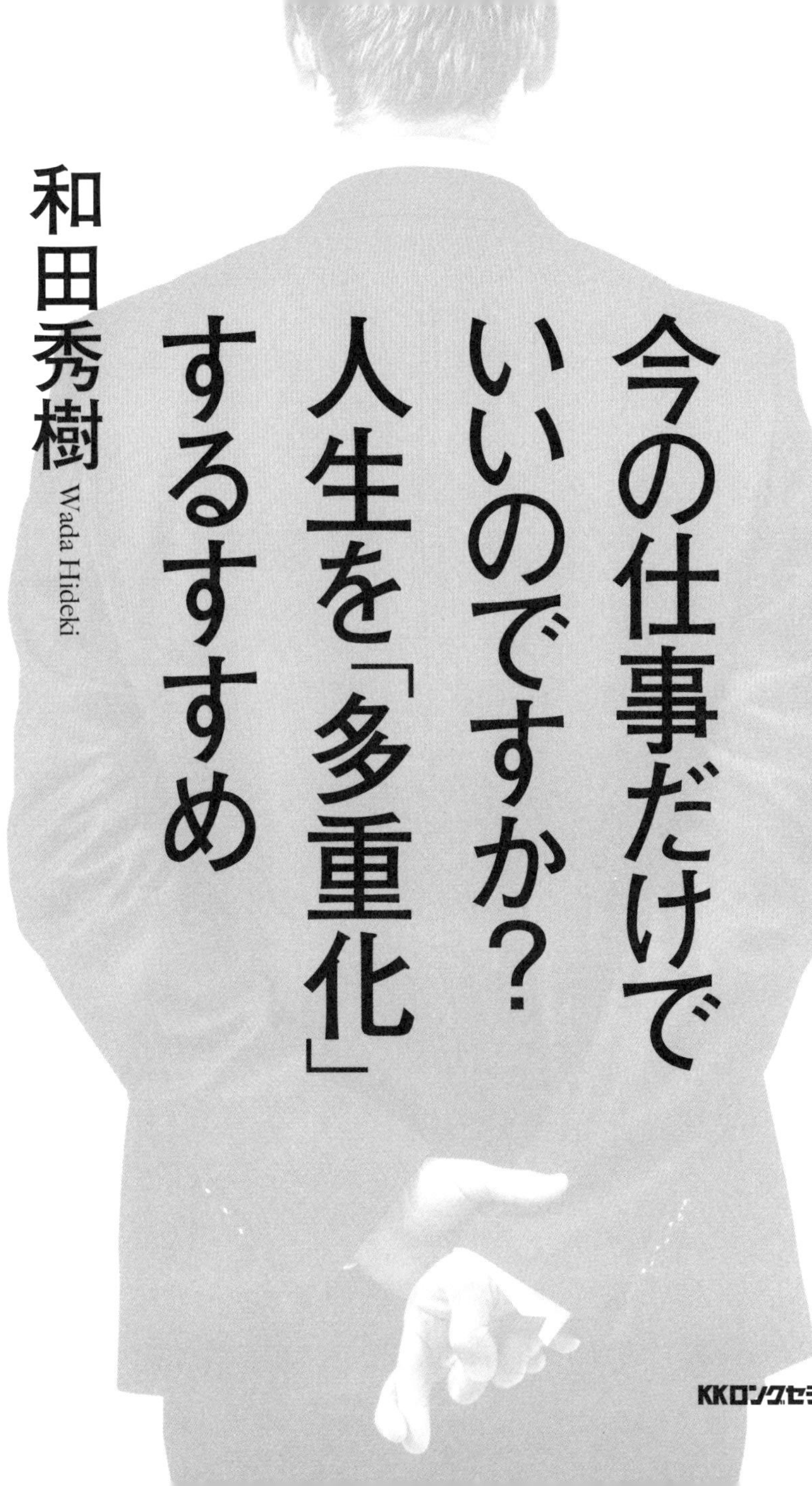

今の仕事だけでいいのですか？
人生を「多重化」するすすめ

和田秀樹
Wada Hideki

KKロングセラーズ

はじめに——
このままの人生で、よいのですか

ひと昔前までは、ひとりの人間の人生設計はある意味でシンプルでした。

ある人は一生懸命に勉強して、一流の大学に入り、そこを卒業して一流の企業や役所に入り、定年までつつがなく勤め上げれば、それなりの退職金がもらえました。さらに年金の額にも恵まれていました。

そのキャリアの中で結婚し、子どもを持ち、家を建て、子どもを教育し、子どもが独立すれば、ひとりの人間の大きなライフイベントは終わります。彼らには「悠々自適」という言葉通り、のんびりとした余生が待っていました。

たとえ大学は卒業しなくとも、会社に就職したり、手に職をつけて家業を継いだりして、技術者として就職して安定した道を選ぶこともできました。それなりの仕事を得て真面目に働き、厚生年金、国民年金の保険料を納めていれば、死ぬまで一定の生活は保障されていました。

しかし、社会環境は大きく変わり始めました。どんな大手企業、一流と称される企業でも五年後、一〇年後は不透明です。かつて超優良企業だったあのソニーの最近の凋落などはそのいい例です。それどころか、倒産したり、なくなってしまう会社もあります。

●終身雇用制度のゆらぎ
●企業のリストラの日常化
●M&Aなどによる企業の再編

今後、これらの風潮に拍車がかかることはあっても、終止符が打たれる可能性はきわめて低いでしょう。ひとつの「所属」でレールに乗るような人生は、じつに不安定であるといわざるをえません。

そうした社会情勢を踏まえてリスクを回避する方策として、転職あるいは起業といった選択肢が出てきます。しかし、その選択の中ではひとつの企業、ひとつのキャリアで培ったスキルだけでは生き残れないかもしれないのです。

会社が変わる、職種が変わる、立場が変わる、そうした環境で成功するということは、それほど容易なことではありません。

そのためには、いろいろな意味で激変する環境下にあっても通用する「もう一人別の自分」「もう一つ別のスキル」が求められるでしょう。

「人生の多重化」

ちょっと聞き慣れない言葉かもしれませんが、脱いだ上着を裏返すとリバーシブルファッションとしてまったく違う自分演出ができる装いとか、あるいは鎧を脱がされても、しっかりともう一枚の鎧を身につけているような自分を作らなければならないのです。それが私のいう「多重化」です。しかし、それだけではありません。

もう一つの多重化は、定年後のセカンドキャリアにおいて役立つ多重化です。

今、日本人の平均寿命は八〇歳を超えました。二〇一三年の統計では、男性八〇・二一歳。女性は八六・六一歳です。

かりに六〇歳で定年を迎えるとすれば、男性でも二〇年以上も人生は続くのです。その二〇年をどう生きるかも大きなテーマです。経済的な面から考えれば、支給開始時期の変更、支給額の減少など、これからの年金事情の変化はきわめて不透明です。私は今の年金制度はそう遠くない時期に破綻すると考えています。年金だけで暮らしていける時代は去るでしょう。

ならば、定年後のセカンドライフを豊かに過ごすためには、年金以外にある程度の収入が必要となります。定年後も働かなくてはならないのです。ですから、その準備のためにも多重性が必要となってくるのです。

「会社を辞めたら役立たず」では生き残れないのです。そうならないためには、現役時代からきちんとその準備をしておかなければなりません。

経済面だけではありません。かりにセカンドライフでも金銭面での保障があったとしても、そのセカンドライフを食べて寝るだけで過ごすわけにはいきません。経済面を度外視しても、ライフワークを見つけなければなりません。仕事、ボランティア、趣味、何をライフワークにするかは人それぞれでしょう。生き甲斐のないセカンドライフは寂しすぎます。セカンドライフを充実させるためにも、多重であることが求められるのです。

本文でも述べますが、私自身、本業は精神科医ですが、著述家、大学教授、起業家という顔を持っています。どれも真剣に取り組んでいますが、それに負けず劣らず励んでいるのが映画監督です。

青春時代に映画に夢中になり、映画監督になりたいと強く思っていました。残念ながら、不況による採用中止という理由で映画会社で監督になることはできませんでしたが、その夢をあきらめることはできず、まず自主映画の資金を作るために医学部に入るというところから、私の映画人生の準備を始めました。その後も、長い時間をかけて計画を練り四七歳になって初めて映画を作りました。

私の多重化人生にもう一つ別の要素が加わったのです。はじめて原案を書き、監督した『受験のシンデレラ』は二〇〇八年に公開され、モナコ映画祭では最優秀作品賞、主演男優賞、主演女優賞、脚本賞の四部門の栄冠に輝きました。私にとっては大きな喜びでした。

こうした多重化人生の成果を得るためには、やはり大切なのは計画設計とそのための準備です。私自身は映画を作るために構想を練りながら、一生懸命に働き、製作のための資金を作りました。私にとって映画監督はお金を稼ぐためのものではなく、自分のやりたいことを実現することが第一です。

私はひとつの領域に限定せずに、世の常識にもこだわらず、さまざまな夢を実現するためにこれまで生きてきました。まさに多重化人生であるといえます。

ひと口に多重化といっても、人それぞれの多重化があるでしょう。自分の人生においていくつもの仕事にチャレンジする、仕事とは別に趣味を極める、あるいはボランティアに精を出す、ライフワークとして学問や芸術に挑む……。

多重であることを実現しようという人が一〇〇人いれば一〇〇の多重化人生があるはずです。「一筋」を否定するつもりはありませんが、せっかくの人生、長い人生です。いくつもの衣装をまとうという選択こそが、これからの時代は人生を充実させるのではないでしょうか。

少なからず多重に生きてきた私の経験、その中で学んだ知識や知恵が読者のみなさんのお役に立てるとすれば著者としてうれしいかぎりです。

二〇一五年二月

和田秀樹

contents

第2章
多重化人生のための新しい自分作り

contents

第3章 多重化人生、成功のための方法

第4章 明日のために失くしていいもの、失くしてはいけないもの

contents

第5章 死ぬまで勉強は欠かせない！ いい人生のための和田式学び方

第1章

今からできる充実ライフのための補強とリセット

「人生＝会社」では生き残れない

私自身、競馬の趣味はありませんが、一〇年以上前にたまたま観ていたテレビの競馬中継で面白いシーンに出くわしました。先頭を走っていた馬がいました。最後の直線でも追走してくる馬を引き離す勢いでした。外国人ジョッキーが手綱を取っていました。楽勝を信じたジョッキーは、ゴール手前で余裕の勝利を確信して馬をステッキで追うことをやめました。

しかし、そのジョッキーがゴールだと思った地点はじつはゴールではありませんでした。期間限定で慣れない日本の競馬場で手綱を取る外国人ジョッキーが、ハロン棒というゴールまでの距離を示す目印を間違えてしまったのです。本当はゴールまで、あと二〇〇メートル残されていました。

気が付いたジョッキーはふたたび馬を追い始めましたが、一度緩めてしまったスピードは戻りません。その馬は二着に甘んじる結果となりました。

「自分の人生のゴールはどこにあるか」

この読みを間違えると、人生の最後で思わぬ災難に遭うことになりかねません。

二〇一三年、日本人男性の平均寿命は八〇・二一歳と、厚生労働省が一九九一年から統計を取り始めて以来、はじめて八〇歳の大台を超えました。これは、世界最長である日本人女性の平均寿命（八六・六一歳）には及びませんが、世界第四位の数字です。

日本人の三大死因といわれる癌、脳梗塞、心臓病と、近年、これらに肩を並べるようになっていた肺炎で亡くなる人の割合が減少し、寿命をまっとうする人が増えてきたのが原因といわれています。

寿命が延びるにつれ、私たちは改めて、自分自身の老後（セカンドライフ）を見直す必要を迫られるようになりました。

なぜなら、これまでモデルプランというものが次々と崩壊しているからです。

終身雇用で安定した職場。年功序列で給料は定期的に昇給があり、貯金もでき、家を持てました。さらに、ある程度の退職金ももらえ、それなりに生活していけるだけの年金を受給できていたのですが、その時代は去りました。すでに非正規社員が圧倒的に増え、収入も減少。年収四〇〇万円前後の正社員ですら勝ち組といわれる時代になっているのです。

私はきわめてそれに否定的ですが、たとえアベノミクスが成功したとしても、恩恵を受けられるのは株を持つような金持ち、一部の上場企業とその社員だけにすぎません。退職金はおろか、いつクビを切られてもおかしくないような労働環境で働いている人が相当数いるのが現状なのです。

さらに、上がるばかりの年金受給開始年齢に反し、下がるいっぽうの受給額。とくに若い人たちは、自分たちが将来もらえる年金支給額を計算し、あまりの少なさに愕然とさせられます。とてもではないが、それだけでは生活できない金額しかもらえません。だから未納者が増えてしまう。

かつては四人でひとりのお年寄りを支えてきた社会保障も少子高齢化で、これからはふたりがひとり、やがてはひとりがひとりを支える時代が到来するのは時間の問題です。

逆に、安定した人生を歩んできた人であっても、リタイア後の生き方で、大きく人生設計が狂ってしまうという人もいます。

人生五〇年の時代ならともかく、六〇歳、六五歳で定年を迎えたとしても、そこからの人生は平均一五年から二〇年。少し長生きすれば、二五年、三〇年の老後が待っているのです。そういう意味では、シニア世代の生き方は、単なる老後ではなく、そこからもう一度新しい人生が存在するのだという意識を持って、改めて人生設計を組み立てる必要があるのです。

つまり、生活にある程度の余裕を持ってチャレンジするセカンドライフや多重化人生ではなく、しっかりと生活していくためにセカンドライフや多重化人生を考えていかなければならないという面もあるのです。

生活するためのお金をどう稼いでいくかという切実な観点からも、セカンドライフ、多重化人生を考えていかなければならないのです。

「お金は二の次」でもう一つ別の人生を選べればそれに越したことはありません。しかし、残念なことに多くの人が、「お金のために」六〇歳、六五歳以降の人生の過ごし方を考えておかなければならない時代なのです。

一度の人生、決まったレールの上に乗り、それをひたすら真面目に進んでいくという生き方だけでは、いろいろな意味で八〇年以上にも及ぶ一生を完結できないと肝に銘じるべきなのです。

だからこそ、自分のキャリアのある段階で、それをどう補強して、どうリセットするかをしっかりと考える機会を持つべきです。そのタイミングは人それぞれでしょうが、それまでの人生をパワーアップして、耐用期間を伸ばすことを考えなければなりません。

「会社一筋の人生でした」

挨拶例の定型文として葬儀屋のパンフレットに載っていそうな、いかにもといったスピーチ。もし八〇年生きたとしたら、これが賛辞であった時代はもう終わりを告げました。

「人生＝会社」

こんなことにならないためにも、セカンドライフ、多重化人生のしっかりとした構築が求められるのです。

二毛作、三毛作のススメ

「〇〇一筋ウン十年」

そんな生き方も確かにいいのかもしれませんが、ほとんどの人の人生というのは、そこまで一途に打ち込めるような、一生モノの仕事にありつけることはまずありません。自営業の方ならともかく、会社勤めのサラリーマンなら、嫌でも定年を迎えることになりますし、場合によっては早期退職やリストラ、はたまた業績不振からの倒産などで、どうしても仕事を辞めざるを得ないことが出てきてしまうものです。

再就職するにもなかなか……。

よほど卓越した知識やスキルの持ち主でない限り、簡単には潰しは効きません。

ですから、私は本書で、多重化人生という生き方を推奨しているのです。

ひとつのことだけをとことん問い詰めるのではなく、ある程度ゆとりを持ち、別の面からのアプローチもしていく。つまり、本業のほかに、なにか別のものを同時進行で進めていく生き方です。

農業でいえば、二毛作、三毛作のススメです。

どの作物なのか「主」なのか「従」なのかは、はじめのうちは決めて挑むべきでしょうが、結果として「主従逆転」もあり得るでしょう。それでいいのです。要はいくつもの可能性を追求するということです。

私自身、そういう生き方をしています。精神科医であると同時に、大学で教鞭をとり、文筆業もやり、なおかつ映画も撮る。こうした多重の生き方は今日に始まったことではありません。

学生時代から、私は「多重的な生き方」をしてきたと思います。

私は大学生という本業の他に、雑誌のライターとしても活動していました。医学部の学生として、医学関連の雑誌でライターをしていたわけではありません。医学とは何の関係もない若者向けの一般誌でした。それも一誌だけではありません。仕事をしていた出版社も複数にわたっていました。

また、それ以外にも家庭教師のアルバイトもこなしていました。さらに塾経営の起業をしました。まさに多重的生活者を実践していたといえます。いささか自慢めいてしまいますが、ライターと家庭教師で得る収入は、二〇代の標準的なサラリーマンのそれをはるかに上まわっていたと思います。

農業でいう二毛作、三毛作のように無駄なく時間を使っていました。農業の二毛作，三毛作は、収穫が終わった後の畑に別の作物の種を播きますが、私の場合は、同時進行的に複数のことをやり、収穫を手にしていたといってもいいでしょう。

もちろん、お金を得るという目的もありましたが、それだけではありません。

ライターとして活動することで、わかりやすく物を書く能力がついたばかりでなく、さまざまな人に会い、人間関係の紡ぎ方を覚え、社会を見る目を養い、さまざまな情報を得ることもできました。また、家庭教師をやりながら、受験勉強の効率的な方法を考え出し、わかりやすい教え方など受験生が抱える問題の解決方法を考えたりもできました。そんな私の多重的生活におけるそれぞれの収穫は、今の私の人生に大いに役立っています。

また、ライターの仕事に関しては、一度の仕事で得た人脈や情報を複合的に利用しました。ときには同じ情報であっても、切り口や表現方法を変えて違う形で提供できたりします。

逆にまったくリンクすることがないと思っていた複数の情報が、それぞれを違う角度から見ることで関連づけられることもあります。

『ＣａｎＣａｍ』という雑誌では、大学ごとにライバルを設定し「上智対ＩＣＵ」や「東大対京大」というような学校単位で可愛い子やイケメンを紹介するようなページを作っていました。じつはこのとき、私は同時に『週刊プレイボーイ』という雑誌でもライターをやっていました。かたや若い女の人向けのファッション雑誌で、もうひとつはコテコテの男性誌。

まったく接点がないはずのふたつの雑誌ですが、その仕事で得た情報、題材、人脈を使い、切り口を変えることで、まったく異なる読者層にアピールする記事を作ることができるわけです。『ＣａｎＣａｍ』で可愛い子やイケメンの紹介をした後、彼女たちや彼らに取材し、たとえば好きな場所やお洒落なお店などを聞く。今度はそれを『プレイボーイ』で紹介する。

「有名女子大生イチオシのデートスポット」

「これだけやれば彼女を落とせる」

まったくジャンルの異なる媒体で仕事をしていたにもかかわらず、そこで得た情報を複合し、かけ合わせることでまったく新しいことができるわけです。まさに「一粒で二度も三度もおいしい」わけです。

複数のことをやるというのは、エネルギーも多く使いますし、それだけ多くのことを考えなければならないわけですから、確かに大変なこともあります。誰もが、両手にペンを持ち、右手で円を描きながら、左手で四角形を描くことができるわけではありません。

しかし、やり方次第ではできることもあります。複数のことを同時進行できれば、それだけでより多くのネットワークを構築することにもつながります。さらにそのネットワークが一面的なものから多層的に変化します。

「一＋一」が、二ではなく三にも四にも、あるいはそれ以上になるのです。

これは、多重化人生を歩んでいる人だけが利用できる特権です。

「士族の商法」的セカンドライフは悲しい

少し前の高校野球の地方予選でも、九回裏に八点差をひっくり返してサヨナラ勝ちをしたということがありました。テレビのスポーツニュースやスポーツ新聞が、地方大会であるにもかかわらず大々的に取り上げました。

映画などではよく、ラストの大逆転劇が描かれます。

『水戸黄門』といえば、今から五〇年ほど前の日本映画全盛期には映画館で、その後はテレビで多くの人に愛されてきた作品です。その真骨頂はラストで描かれる大ドンデン返しでした。

「そんなこと、あるわけがない」

思わず突っ込みを入れてしまいたくなるような人生の大逆転現象。フィクションの中ではしばしば描かれるようなことですが、現実の世界では滅多に起こりはしません。

しかし、私はそんな奇跡がしょっちゅう起きている仕事を知っています。

「医師」です。

日本の医師の大半は、この職を志したとき、実家の開業医を継ぐような人でもない場合、ほとんどの医師が大学病院の医局に残ります。大学の教授、准教授になりたいと思ったり、ここで出世をしたいと考えたり、そんな夢を持って医者としてのキャリアをスタートさせるのです。

ところがポストは有限。多くの医師が出世を諦めることになります。それこそ、早い人なら三〇代、四〇代でギブアップ。そういう人たちは早々に大学を辞めて、開業していくことになります。この時点では、少なくとも大学病院においては、彼らは負け組といってもいいかもしれません。

一方、出世競争に勝ち残った医師にも試練が待ち構えています。

大学でがんばったにしても、教授になれるのは、早くて四〇代後半。めでたく教授の席に就いたとしても、それは一生を保証するものではありません。現在の大学の多くは、六五歳までには定年を迎えます。

さらなる勝ち組なら、そこから虎ノ門病院や国立病院機構の院長など、都合のいい天下り先が用意されるのですが、それはごくわずかにすぎません。そうでない教授、准教授は定年後、民間の病院に雇われるか、そこから開業することになります。

ただ、そうしたキャリアの人たちの多くは、セカンドライフにおいては大変な苦労をすることになります。「大学病院の先生」ですから、プライドだけは高い。それでも、医師としての優れたスキルの持ち主であれば、それなりにやっていけるでしょう。

しかし、そんな医師はきわめて少数です。権威だけを拠り所に生きてきた人たちがほとんどです。「患者」には接してきましたが、「客」には接した経験がありません。「診てあげる」ことはできても「診させていただく」ことができません。客商売の経験がないのですから、なかなか思うような経営ができない。患者さん相手でも偉そうにする癖がついているので評判が悪い。これでは病院経営は上手くいくはずがありません。

ここで大ドンデン返しが起こるのです。

三〇代、四〇代で開業していた最初の負け組の医師たちです。

そのころに開業した人たちは、同期の勝ち組が開業するころには、開業後、二〇年、三〇年のベテラン院長です。

すでに地元でも評判が根付き、固定的な患者さんも確保し、経営的にも成功した病院になっていることが少なくありません。中には病院チェーンのオーナーになっているような人もいます。しかも、個人経営の病院には定年というものがありません。教授のポストは世襲できませんが、病院長のポストなら、子から孫、孫からひ孫へと受け継ぐこともできます。こうなってくると、どちらが本当の勝ち組かはわかりません。

「あいつは負け組」

大学ではそんなレッテルを張られ、早々に出世に見切りをつけて開業した人間が、歳を重ねてからは、もっともリッチだったということは現実的に起こっているのです。

もし、大学病院の医師として残ったとしても、権威に胡坐《あぐら》をかいて生きるのではなく、「大学教授という名刺のない自分」というスタンスを持ち続けて、日々の研鑽を重ね、患者に接していれば、セカンドライフにおいても成功する道は残されています。しかし、それはなかなかむずかしいようです。

キャリアを積むのは結構なことですし、大学における出世を目標にするのもいい。ただ、そういう道を選ぶのであれば、その先の人生については、違う形からも考えてみることが必要でしょう。「大学の先生」というキャリアとはまったく関係のないものにアプローチをすることも、視野に入れておくべきだと思います。「街のお医者さん」になる覚悟が必要なのです。

「士族の商法」という言葉があります。明治維新によって、特権を奪われた旧武士が商売を始めたものの、階級制度は崩壊し、世の中の価値観が一八〇度変わったことに気づかず、威張ってばかりで客が寄りつかずに失敗しました。

私はこう考えます。

セカンドライフについては、キャリアという過去の遺産を食い潰していくのではなく、過去を土台に、いかに新しいものを積み重ねていけるかが大事だと考えています。もし、それができないのであれば過去を棄て、まったく違う人生設計をプランニングするべきです。遺産という後ろ向きの保証だけに頼ると、まず成功することはありません。

セカンドライフを考えるとき、これだけは覚えておいてください。

「誰のために」「何のために」が原点

どんな仕事、どんなビジネスでも、「何のためにやっているのか」「何によって支えられているか」を忘れてしまっては、うまくいくはずがありません。

私の場合、「医師として」「教育者として」「著者として」「映画監督として」という立場がありますが、どんな仕事、ビジネスであっても、患者さん、学生・生徒、読者、観客の存在を忘れることはありません。

どんなかたちであれ、多重の人生を豊かに過ごしたいと願うなら、そのことを忘れてはいけません。

人間関係で一番悲しいと思うのは、なにかをきっかけに、態度がガラリと変わってしまう人です。突然、横柄な態度をとってみたり、それまでは目上の人に対して腰の低い人間だったのが、急に馴れ馴れしくなったり、それまでの敬語遣いが影をひそめてしまったりする人です。

実際、そういう人は決して少なくありません。

「有名になった」「出世した」「何かの賞をもらった」などをきっかけに豹変してしまう人が少なからず、います。

レストランなどでもそういう経験があります。あることがきっかけで「お客さん」のことを忘れてしまったのです。

二〇〇八年に『ミシュランガイド』日本版が出版されたときから、それは顕著になったと思います。それまでの日本では、レストランガイドといわれても、紹介されているお店を、星で評価して優劣をつけるなどということはありませんでした。むしろ、テレビや雑誌での取材を拒否するような店、誰も知らない、自分だけが知っているような隠れた名店のようなお店がずいぶんと評価されていたものです。いわゆるマニアのような客さんですから、そういう足繁く通ってくれるお客さんに対しては、お店もずいぶんと大事にしてくれていました。

なにしろ、お客さんの評価がすべての時代でした。

ところが、『ミシュランガイド』の出版からガラリと対応が変わってしまった店があります。私も経験しました。

名前は出しません。都内にある日本料理店です。私も結構通っていた店で、ミシュランの「ミ」の字もなかった時代などは、非常に丁寧な接客、誰にでも変わらないもてなしをしてくれたお店でした。比較的自由なところもあり、三ツ星を獲る前は、お客さんのリクエストにも応えてくれていたのです。

私も、お気に入りのワインを持参して、それでいい時間を過ごさせてもらっていました。しかし、ミシュランの三ツ星を獲得した途端に、それはできなくなりました。予約も融通してくれない。お客さんを格で判断する。そんな店になってしまったのです。

「こういうところで客を判断する店になってしまったのか……」

もちろん、そんな店には二度と行きたくないですし、人にも勧めることはしないでしょう。ミシュランという紋所を手にしてしまったばかりに、変わってしまう。何とも情けない話です。

しかし、そのようにお客さんを大事にしない店というのは、しょせんその程度。やがて星が二つに、そして一つに落ちたときに果たしてどうするのでしょうか？

私などそういうことを心配してしまいます。

もちろん、そのときになって反省し、接客を変えたとしても、また通うなんてことはありませんが……。

それならば、たとえ星などない店、誰も注目していないが、アメニティのいいというか、カンファタブルな店があれば、そういう店に通います。「客商売」とはそういうものです。

もし、多重の人生を成功させたいならば、その一つ一つが「誰のため」「何のため」であるかを、つねに基本にしておかなければなりません。

「好きな仕事」は自分で作るもの

セカンドキャリアの再出発であれ、多重人生を始める新たな挑戦であれ、どちらにしても、社会の動きがわからなければ、その成功はおぼつきません。そのためには、各種のメディアが伝える社会の変化、気になる事件、出来事に対して感度のいいアンテナを持つことが必要です。

「へえ、そんなもんかね」で終わるのではなく、それが何を意味しているのかを自分なりに考察する姿勢が欠かせません。

就職難、非正規雇用者の増大、派遣社員からの社員採用の拒否……。

たとえば「アベノミクスは順調だ」という情報があったとしても、本当にそうなのかを見極めなければなりません。景気の回復という言葉はよく耳にしますが、一方では、じつに九割もの人が「実感できない」と語るという一面もあります。

また、モノが売れなくなる、内需が拡大できなくなると、新聞や雑誌、テレビなどはすぐに「消費者の○○離れが深刻」と報道します。しかし、そう簡単ではありません。そもそも離れる以前に、モノを買う余裕がないのか、商品そのものの問題なのかを検証しなければなりません。

実際、購買力全体が落ち込んでいる状況のなかでも、数は限定されるものの、大ヒットする商品は存在します。

たしかに、円安が加速し、株価が上昇しようと、多くの人たちは株に投資できる余裕はないでしょう。やれＮＩＳＡだ、なんだと煽ったところで、日々の生活で手一杯。本当に厳しい状況です。

しかし、絶望や無力感からは何も生まれません。

「会社にいるなら簡単に辞めずに、自分の将来、夢のために利用し尽くせばいい。それが結果として会社の利益にもなることならば、私的利用はウェルカム」

私がこの本の中で主張しているのも、そういう厳しい現状だからこそでもあるのです。

しかし、それでも不思議なのは、そういう厳しい状況であることを理解しているにもかかわらず、せっかく入社した会社を簡単に辞めてしまう若者が後を絶ちません。

「好きな仕事が見つからない」

「こんなことをやるために入ったんじゃない」

苦労して試験を受け、面接をクリアし、内定をもらったにもかかわらず、アッサリとすべてを棄ててしまいます。「自分探しの旅」とやらに出てみたり、中に引きこもってしまったりしている人がいます。

たしかに私は、多重化人生として「人生マイナス会社＝ゼロ」のような生き方はしないようにといっていますが、引くものすら失ってしまっては本末転倒です。

「好きな仕事がない」

現状に不満を持つ人たちのそんな言葉を耳にします。

しかし、厳しい言い方をすれば、仕事は「好きでなくてもしなければならないもの」です。好きになれない趣味は続ける必要はありませんが、仕事は続けなければなりません。仕事というものは一定期間やってみて「好きになる」ものです。

「好きになれない」

これは、仕事を経験しようとしない、知ろうとしない、好きになろうとしない人間が、そうなる前にいう言葉です。

「好きな仕事とはいえなかったな」

似たような言葉でも、これが仕事を辞めなかった五〇歳の人間となると意味はまったく違ってきます。「好きな仕事」とは公言しないにせよ、本当に好きな仕事はなかったのかと問うてみると、じつはそうでもなかったりするものです。

どんな地味な仕事、縁の下の力持ちのような仕事でもいい。まったく面白い仕事がなかったという人は、そうはいないはずです。

「総務やっているころが、一番楽でよかったなあ」

「経理で数字を扱う仕事が、俺に一番向いているんじゃないかと思った」

そんなふうに感じている人もいるはずです。まわりからは誰にでも簡単にできるルーティンワークと思われることでも、それを極めてしまえば、それは立派なスキルです。そうして身についたものは、定年後、第二、第三の人生も、必ず自分にとって有利な材料となるわけです。

なにもオンリーワンの特殊なスキルだけがセカンドキャリアに有利に働くわけではないのです。

ただ、それを「極める」という次元に高めるためには、ビジネス全体における自分の役割を自覚的に果たしていかなければなりません。そうすることによって、ある日、「好きな仕事」であることに気付くのです。

やはり、どこかで気合を入れる。自分の正念場となるべき舞台を自分で用意することが大事になってきます。気合を入れる場所はどこでもいいのです。得意分野の場所でもいいですし、はじめてトライする仕事に気合を入れる。それでもいいのです。そういうメリハリをつけることが大事なので、そういうものが自分の中に残ることで、好きな仕事が生まれるのです。

人間の脳というのは「辛いこと」「大変なこと」であっても「努力したこと」「頑張ったこと」に関しては記憶を美化して再現してくれるものです。

また、「プラスライフワーク」ともいいますが、なにかを真剣にやる、目標を作ることで、別のことにも集中できるようになるということもあります。

私の経験でいえば、映画を撮りたいと思う。そのためにはお金も必要。ならば、まずは医者の仕事でお金を作らなければならない。

そうなると、仕事をするときも手を抜かずに一生懸命やる。すると、医者の仕事を一生

懸命にやったことで本を書くときにいいものが書けたりする。さらに、それが映画のコンセプトとなって作品づくりのアイデアとして還元されたりするわけです。

多重的人生といっても、それぞれ個々に隔離されたエリアでやっているわけではありません。ひとりの人間の中で行われていることです。すべてがリンクしていて、それぞれのシーンで役立ち、ひいては人生をより豊かにする材料になっているわけです。

つまらないと思う仕事、違うと思う仕事でも、最終的には自分の理想にリンクしている部分がある。

そう思えば、どんな仕事でも一定の期間は辛抱できるはずなのです。若い人なら、まずは目安として三年続けてみるべきだと思います。

夢があるから「今の仕事」は完璧にする

幸運なことに、これまでの私は自分がやりたいことをある程度実現してきたと思います。映画を作りたいという夢も実現できました。その映画で海外の映画賞を獲るという栄誉にも浴すことができました。

「夢を温めながら、『今』を大切にする」

私のこの覚悟が、夢を実現できたもっとも大きな原動力だったと思います。私は「映画監督になる」という目標を「夢想」で終わらせるつもりは毛頭ありませんでした。

もちろん、まだまだやりたいことはありますし、これからもさまざまなプランが湧いてくるでしょう。某クレジットカードのコマーシャルではありませんが、齢を重ねても「いっそ、もっと輝こう」と考えています。誰でもそう願っているはずです。

ただ、闇雲にどんな夢でも持っていればいいというのでは、なかなか夢を現実化することはできないと思います。やはり、ある程度現実的に考え、「できる」と判断した夢を追いかけること。それが大事だと思うのです。

幻を見ていても得るものはないですし、霞《かすみ》を食べたところで、お腹いっぱいになることはありません。

私が思うに、実現できる夢というのは、ある程度自分の中で状況を整理し、プランができ、手応えが感じられるものでなければなりません。当たり前のことですが、幼いころに漠然と抱いていた夢ではなく、自分のスキルや置かれた環境を客観的に分析して、ある程度の可能性が見えてくるものでなければなりません。そういう中で「これをやってみたい」と浮かび上がってくる夢でなければなりません。

私が実現させた夢のひとつである「映画監督」ですが、その夢が浮かび上がってきたのは一七歳のときでした。とりたてて幼いころから映画やドラマが好きだったわけではありません。憧れていたというのではなく、自分探しをしていった結果、たどり着いた夢でした。

世間ではエリートといわれる中高一貫校に入り、順風満帆の人生、トントン拍子に医者になったと思われるかもしれませんが、けっしてそんなことはありません。自分では、これまでどちらかというと波乱の人生だったと感じています。いじめにも遭いましたし、灘中学に合格したまではよかったのですが、以後、成績は低迷の一途をたどりました。

当然、学校内では「落ちこぼれ」に近い位置にいました。そのため、いろいろな将来を模索しました。はじめは小説家になろうと思ったり、英語だけはできましたから、それで身を立てるために海外に留学をしようと思ったり……。挙句の果てには司法試験に挑戦して「ヤクザのお抱え弁護士にでもなってしまおうか……」などと考えたものでした。そんなときに私の心をとらえたのが映画でした。

「あっ、これだ。こういうふうに自分を表現できる仕事があるんだ」

一瞬にして間の前が開けたような気がしました。

「映画監督になりたい。作品を通じて、自分を表現できるというのは凄いことだ」

その思いは大きく膨らみました。

ところが、当時の日本映画界を取り巻く環境は最悪でした。一七歳で映画監督の道を歩もうと決意した私は、またも挫折を味わうことになったのです。

映画会社の中で唯一助監督の採用試験を実施していたのは日活でした。私が高校生だったころは、「日活ロマンポルノ」が中心でした。私は日活の助監督の採用試験を受けるつもりでした。ところが日活は、そのころ、採用試験を中止してしまったのです。一世を風靡したロマンポルノも徐々に飽きられてきたのか、陰りが見え始めていました。

すでに東映も松竹も、一〇年近く前に採用試験をやめていました。監督になるためのチャンスとしては、日活しか残されていませんでした。しかし、その道も閉ざされてしまいました。結局、私は方向転換し、大学の医学部への進学を目指すことになりました。とりあえず映画の資金を稼ぐために、自分が想定していた進路を修正せざるを得なくなってしまったわけです。

もちろん私は、映画監督の夢は諦めたわけではありません。

時間がたつほどに、映画監督になるという夢は膨らみました。大学に籍を置きながら、いろいろなバイトにチャレンジして、どうすれば映画監督になれるのかということを考え続けていました。そして、自分の中でその計画をしっかりと練り上げていきました。もしこれが、思いつきや曖昧な気持ちで抱いた夢ならば簡単に諦めていたことでしょう。

「もう自主映画を作るしか道はない」

私はそう考えました。

学生時代にバイトやイベントをやって一〇〇万円ほどの金を貯めて作った映画も結局は

挫折しましたが、その後に映画の現場でバイトをしてノウハウを学び、さらにお金を貯めていくことで、映画製作というのは私にとってライフワークとなったわけです。映画を撮るためなら、いっさい手を抜かない。やりたいことがあるから、今、がんばることができる。だから、今が充実する。

誤解を恐れずにいえば、私にとっては、医師の仕事も、教育産業の仕事も、執筆の仕事もある意味では、映画作りのための「手段」といっても過言ではありません。しかし、逆にそれだからこそ、私はそうした仕事に全身全霊をかけて臨みました。もし「片手間」でやっていたら、私は映画監督になるという夢も果たせなかったと確信しています。夢の実現とは本来、そうあるべきではないかと私は思うのです。それができなければ「夢想」は知らぬ間に萎んでしまいます。

ひとつのことをきちんと成し得ない人間に、二つのこと、三つのことができるはずがありません。これは多重化人生を成功させる基本中の基本です。

第2章

多重化人生のための新しい自分作り

新しいことを探し続ければ、新しい自分がイメージできる

「歳を取ってからのほうが、知り合いになる人の数が増えている」

私のちょっとした自慢のひとつです。

私はひと言でいえば「人好き」です。今まで会ったことのない人に会うことが基本的には大好きです。それも、もともと興味を覚える活動や発言をしてきた人であれば、期待が膨らみます。そういう人たちばかりではありません。どんな人であれ、新しく人と知り合うということには、自分の多重性を広げるチャンスが潜んでいます。

「新しいことを知り、新しい自分になりたい」

それが新しい人との交流の原動力です。

今まで自分が知らなかった領域の情報や、想像すらできなかった事実に触れることができます。私にとっては、それが「面白いこと」なのです。歳を重ねるにつれ、回数が増えていっているのですから、これほど嬉しいことはありません。

新しいものが見つかれば、探究心も湧いてきます。話の種が見つかれば、それを元にして、本を書いてみようという気にもなりますし、現在の私のライフワークといってもいい映画作りのアイデアも生まれます。なにしろ、自分自身がとてもフレッシュな状態でいることができます。「サムシング・ニュー」、つまり新しいことをいつも探している私にとって、人との出会いは絶好の場なのです。

こういう言い方が的確かどうかはわかりませんが、人によっては、ある程度の経験と実績を頼りに後が惰性のように生きていく人もいます。それだけでも食べていける世界もなくはありません。

いわゆる文化人のなかには、新しい情報や社会の変化を検証することもなく、題材をリセットすることもなく何年も同じ理論や主張を繰り返している人もいます。少しでも名前が知られていれば、書籍の執筆もできますし、講演会の依頼もあります。

演歌歌手は、一曲当ててしまえば、何年もヒット曲が生まれずとも一生食べていけるといわれますが、ちょっと似ているかもしれません。「昔の名前」であっても紅白歌合戦に出場でもしようものなら、しばらくは安泰です。

医師の世界も例外ではありません。

日々、最新の治療法や新しい技術を取得しようと頑張っている人もいますが、昔の知識だけでルーティンワークのように患者さんを診ている医師も多いのです。

そんな人たちにとっては、過去の業績にしがみついて生きていけたら、それはそれで楽でいいということなのかもしれませんが、私にはそれができません。新しい発見や感動のない、面白味に欠ける人生になってしまいます。


演歌の世界ばかりか、それがまかり通ってしまう分野も少なくありません。

たとえばノーベル賞受賞者。

日本では、ノーベル賞受賞者をまるで神様のような存在として持てはやす傾向がありま す。もちろんその業績については、私も敬意を払いたいとは思いますが、研究者としての人生を考えたとき、ノーベル賞受賞は単なる通過点にすぎないはずです。日本では、その後、さしたる研究成果を上げない研究者でも、死ぬまで「ノーベル賞受賞者」として持ち上げてくれます。

ところが海外、とくにアメリカ、ヨーロッパではそうですが、ノーベル賞受賞者であろうとその後二〜三年、目立った研究成果を上げなければ「過去の人」と見なされます。つねに新しい研究成果を残すことが求められるのです。

ノーベル賞受賞者だけではありません。

大学教授という職業もこれに似ています。東大、京大も例外ではありませんが、大学教授の九割以上の席は「過去の人」が占めています。確かに教授になるまでは、優れた研究をし、評価されるべき論文を発表し、世の耳目を引いていました。

ところが、残念なことに、ほとんどの人はそこで終わってしまうのです。いざ教授になってしまうと、そこが学者人生の終着点になってしまう傾向があります。これまでとは違い、自分の裁量で研究できる、より自由な研究環境が手に入ったというのに、デスクワークばかりするようになってしまうのです。こういう過ちは、一般サラリーマンでも犯しかねません。教授を重役や部長に代えてみれば、わかることです。そんな人生は退屈です。

「攻めることよりも守ること」に腐心し始めるのかもしれません。

本来ならば、やりたいことがあるからこそ、そうした裁量を手に入れられる大学教授の座を目指し、研究にいそしみ、その結果、教授になれれば大手を振って自分の研究に没頭できるわけですが、そこがゴールになってしまうのです。

大学教授になることが手段ではなく目的になっているのです。本末転倒としかいいようがありません。

ただし、例外もあります。それは田中耕一さんです。

田中さんは、二〇〇二年にソフトレーザー着脱イオン化法（蛋白質などの質量分析方法）で、現役サラリーマン初のノーベル化学賞を受賞しました。ノーベル賞受賞式で、「ドクター田中」と呼ばれることを「自分は博士号を取っていない」と固辞。「ミスター田中」と変えてもらったことを記憶されている方もいるでしょう。

田中さんは、ノーベル賞受賞後、勤務先の島津製作所経営陣からの役員就任要請も固辞しました。田中さんにとって、受賞や昇進は目的ではないのです。目的は研究の成果だけなのです。

ノーベル賞受賞後も、田中さんの新しい研究へのチャレンジ精神は旺盛なままでした。「血液一滴で、病気の早期発見をする。それが私の実現可能な夢だ」

今もなお精力的に研究を続けています。

私自身も、つねに新しいことを探し続けていますが、そうすることで新しい自分をイメージすることができます。それが多重な自分を作る第一歩といってもいいでしょう。

新しい人との出会いは、その大切な入口です。

あなたは仕事をやり続ける限り、リスペクトされる存在

どんな人と接しても、私はこう思うことが必ずあります。医師として患者さんと接しているときもそう。真剣に病と闘い、克服しようと努力している姿をみれば心を動かされますし、なんとか力になれないかと思うものです。

また、取材を受けているときには、リポーターの着眼点や観察眼、視点などに感心させられます。

映画を撮るときもそう。決して満足な機材と資金をつぎ込んでいるわけでもないのに、自分の仕事をしっかりとこなそうと動いているのを見るのは、製作者として本当に嬉しいものです。

「すごいなあ」

「全員エライ」

私はこの言葉がとても気に入っています。

日本人というのはどちらかというと、権威や有名人に対し、変な勘違いをしています。テレビに出ている著名なタレント、文化人、政治家、大学教授などを明確な理由もなくリスペクトする傾向があります。

確かに、自分ができないことをしている人に憧れを抱いたり、権威に対して及び腰になるのは、人間の本質として仕方がない部分なのかもしれません。そこまではまだいいのです。問題はその先です。

相手を過剰に評価してしまい、同時に自分を卑下してしまう人がとても多いのです。謙遜というと聞こえはいいのですが、相手が自分のことを褒めたとしても、尊敬の念を持って接してきても、一歩下がった受け答えをしてしまっています。

「そんなことないですよ——」

これほどもったいないことはありません。

私はどんな人間でも必ず、他人に誇れるものを持っていると思っています。会社勤めをしているサラリーマンもそうです。自分がやっている仕事はたいしたことではなく、たとえ自分が明日辞めたとしても、誰でも代わりができるような仕事。確かに誇りは持っているが、自慢できるようなものではない。

そういって、一歩下がってしまうビジネスマンが随分といます。しかし、それこそが大きな間違いなのです。

今、あなたがやっている仕事は、あなたがきちんとやり続けるかぎり、あなたはプロフェッショナルであり、リスペクトされる存在なのです。

そして、なによりもそれを、あなた自身が気づかなければなりません。自分がやっていることを自分が認めることで、プロとしての意識は目覚めます。

そうするだけで、人は仕事に対する取り組み方がガラリと変わってくるものです。「こんなもんでいいか」という妥協はなくなり、最高の形を追求するようになります。それが新しい発見につながり、別の何かを生み出すことにつながることもある。そうなれば、あなたは単なる仕事のプロではなく、その分野でのパイオニアとなることもできるのです。

本人たちが普通だと思っていることが、じつは異業種の人にとっては非常に新鮮で魅力的に映るものなのです。あなた自身、自分が知らない世界の達人たちの話を聞いて驚いた経験があるでしょう。

私自身、映画作りの現場でさまざまなプロフェッショナルに出会い、その卓越したスキルに感嘆したものです。ところが、当の本人たちにとってはごくごく当たり前のことなのです。

まずは自分をリスペクトすることから、もうひとつの人生を模索するのも面白いものです。

今の仕事に誠実に向き合うことから、明日の仕事が見えてくる

「ああ、この人はきっと、成功するだろうな」

本当にやりたいことがある人、それを目標に頑張っている人と話をしていると、こう直感することがあります。いや、直感とはちょっと違います。

「成功して当たり前」

そう思えるのです。

ひと言でいいます。どんなセカンドステップを考えているにしても、「今の仕事」をきちんとやっている人です。

『果つる底なき』『最終銀行』『銀行仕置人』、それにテレビドラマ化されて驚異的な視聴率を取った『半沢直樹シリーズ』などの著者・池井戸潤さんは、その最たる例かもしれません。

元々銀行マンだった池井戸さんは、三二歳で三菱銀行（現・三菱東京ＵＦＪ銀行）を退

社し、コンサルタントを生業とする傍ら、ビジネス書を執筆。その後、作家に転身しました。

作家になるのは子供のころからの夢で、小さいころからミステリー小説を読み漁っていたといいます。そんな池井戸さんも、デビューは三五歳のときでした。

作品を読むと、もっと早く文壇に飛び込んでいてもよかったのではないかという人もいるでしょう。しかし、私はそうは思いません。池井戸さんは三菱銀行時代の経験があったからこそ、銀行ミステリーといわれるジャンルを確立し成功を収めたのだと思うのです。

もし、池井戸さんが銀行の仕事を、あくまでも作家になるための場つなぎ、腰掛の仕事だと考えて、「それなりにこなすだけのサラリーマン」をやっていたとしたら、どうだったでしょうか。あそこまで銀行業界のディテールを織り込んだ面白い作品を書くことはできなかったと私は思います。もしかすると、銀行業界の表面だけをなぞり、あやふやなオチで終わるライトノベル作家で終わっていたかもしれません。

人間の脳はとても不思議です。適当にやっていたり、集中せずにダラダラとやっていたりしたことは、忘れてしまうものです。記憶もあいまいになり、いつしか忘却の彼方へと

旅立ちます。一度忘れてしまったことは、なかなか思い出せないものです。いえ、それ以前に思い出そうとすら、しなくなるでしょう。これは誰にでも共通していることです。

「どうせ俺は作家になるんだから、こんな仕事は適当でいいんだ」

そんな態度で仕事をしていたとすれば、そこで経験する出来事の意味を掘り下げたり、検証する姿勢は生まれません。それでは、いざ銀行小説を書こうとペンを執っても、リアルな描写ができるわけがありません。臨場感の乏しいそんな小説は誰も読んではくれません。

気を付けなければならないことがあります。

自分の現在の仕事と次の目標との「折り合い」です。

じつは次の目標がある人、プランを考えている人には、落とし穴に落ちてしまう傾向があります。

「本当にやりたいものがある。そのプランを実現させるために今、渋々違う仕事をしているんだ」

こういうスタンスでは、絶対に次の仕事はうまくいきません。今やっていることが、どういう形であれ、必ず次の仕事の助けとなる部分なのです。

資金を貯めるためなのか、経験を積むためなのか、理由はさまざまですが、今の仕事がステップアップの手段であったとしても、決して手を抜いてはいけません。悪い意味での「明日があるさ」的な仕事には、豊かな明日はけっして用意されていません。

充実した多重化人生という作品は、ページをめくったら灰色からバラ色に変わるなどという構成にはなっていません。今、目の前にある仕事に対して誠実に向き合うからこそ、明日の仕事のグランドデザインが見えてくるのです。


「ああ、これをやっておいてよかった」

私自身、そんなふうに考えることが数多くあります。

映画を撮る、本を書くときには、医師としての知識や経験が非常に役に立ちますし、その逆も当然あります。なんであれ、ひとつのことに集中するということは、予期せぬ副産物をもたらします。

「そういえば、こんなことがあったな」

「あれは、そういう意味だったのか」

そのときには、個々のエピソードであり、点としてしか感じていなかった出来事が、ある日、結びついて線になるということはしばしばあります。

「未来を見て、点を結ぶことはできない。過去を振り返って点を結ぶだけだ。だから、いつかどうにかして点は結ばれると信じなければならない」

アップル社の設立者スティーブ・ジョブズはそんなことをいっています。

今、自分が置かれている場所で、やるべき仕事をキチンとやり遂げる。そこで知ったこと、そこで身につけたことが、その後のセカンドキャリアで役に立つのです。それぞれは何も関連性がないように思われていても、ストックしておいて損な知識や経験というのは、なにひとつないのです。

次の目標が決まっている人には、とくに注意してほしいところです。

最終目的の結果をきちんとイメージできるか

「最終目的の結果が見えているかどうか……」

多重化人生の一環として、なにか新しいことを始めるとき、こういう問いを自分につきつけることが、じつはかなり大事なことだと思っています。

実際、ほとんどの人が新しく何かにチャレンジするとき、この問いを曖昧にしているように思えてなりません。

「しっかりと○○をやっていけば、最後は××な結果が返ってくる」

日本の多くの政治家や企業の経営者でも、こうした明確なヴィジョンで行動している人はきわめて少数のように思います。多くの人が「見切り発車」で始めてしまっているように感じられて仕方がありません。

本当にもったいないことだと思います。なんであれ、最終到達点が明確に見えていれば、物事の進捗状況というのもはっきりとわかります。あらゆるプロセスにおいて、現在の状態が予定通りなのか、遅れているのか、それとも進みすぎているのかが客観的に把握できます。同時に、正しい方向に進んでいるのかどうかも判断することができるのです。

正確に見ること、正確に判断することができれば、そのとき自分がやらなければならないことも明らかになります。


一冊の本を書き上げる作業も同様です。

「そんなに何冊も出して、どうせ手を抜いているんだろう?」

私のように年に何十冊も本を出していると、読者の方はそんな思いを抱かれるかもしれません。ご安心ください。私は一冊一冊、すべてに全力を傾けて書いています。

なぜ、それが可能なのか。

それは「最終目的の結果が見えている」からです。

それぞれにコンセプトを決めて、どういう層の人に、どういうアプローチをしていきたいのか。そして、なにを一番伝えたい、どういうことを考えてほしいのかということが明確にされているからです。

いくつかの柱となる項目を作り、読んでくれた人の中でどう響いてくれるのか、どうすれば容易に理解してもらい、納得してもらえるのかを基本に書いていくのです。途中、迷いがまったく生じないわけではありません。そうしたケースでは、過去の記録、読者の評判や売れ行き、アンケートの内容といった、過去の経験から蓄積できたデータが進むべき方向性を指示してくれるわけです。

もちろん、すべてが成功で終わるわけではありません。読者の支持が多いか少ないかという形で帰ってくる。それがまたデータとなって蓄積されていくのです。

「やはりこうなったか」

それが、想定通りとなれば、その本は成功ということになるわけです。

もちろん、思わぬ結果になってしまうこともあります。しかし、それはまた仕方がないことです。

「どういうふうにしたいのか」

「どうすれば好結果を導くことができるのか」

どんなチャレンジであれ、それを明確にすることが成功するためには大切なのです。

つねに考えながら行動する、あるいは観察しながら生きていく。

じつはこうした作業をやっているようで、かなりの方が疎《おろそ》かにしているのです。

自分が投げるボールにたとえてみましょう。

壁にボールを投げました。そのボールはどこに跳ねかえってくるのかを考える。どの角度に投げればどこに飛んでくるのかを計算する。カーブを投げればどこに転がっていくのかを分析する。自分のところにノーバウンドで、まっすぐ戻ってくるには、どの角度に投げるのがいいのかを見極める。

要は結果をきちんとイメージして行動することです。結果がきちんと見えていれば、いずれの仮説も立てやすいですし、正しい判断もできるのです。立てた仮説も検証できます。成功するにしても失敗するにしても、「だからこうなった」という原因が分析できるのです。

やることすべてに目的を持たせるのです。

多重な人生を送りたいと願うなら、人生そのものを真面目な実験の舞台だと考え、ひとつひとつを人生実験と思って行動してみてください。きっと自分の行動すべてから、なにかを学んでいるということを実感することができるはずです。メインの仕事とは別に同時進行的に自分のスキルを生かせるサイドビジネスに挑戦したり、収入が目的ではないライフワークを手がけたりする際、こうした姿勢で臨むのがいいでしょう。

リタイア後に新たな領域にチャレンジするときも同様です。それを十年、二十年と、残りの人生で積み重ねていくと、とても濃密な人生を歩むことができるのではないかと私は考えています。

さらに、そうすることでハッキリいえることがひとつあります。

「頭が良くなりますよ」

頭が良くなるといういい方がもっとも的確かどうかはともかくとして、間違いなく賢くはなります。

きっと見えてくるはずです。

歳を取っても進歩し続けている、自分の姿が。

「よそ見」は悪いことではない。それが多重化人生の入口

多重化人生と聞くと、それだけで眉をしかめてしまうような方がいるかもしれません。とくに、子供を相手にしている仕事をしている人や親御さんからは、怪訝な目で見られることも少なくありません。

彼らにいわせると多重性というのは、ひとつのことに集中することができない、すぐに飽きてしまったり、注意散漫になったりする人であり、一種の病気だというのです。要はAD／HD（attention deficit／hyperactivity disorder の略、注意欠如多動性障害）ではないかというのです。

誤解を恐れずにいえば、人生に「よそ見」は必要です。それが多重化人生の「入口」だといってもいいでしょう。

たしかに私自身は昔から、ひとつのことだけを長い時間やり続けるというのが、あまり

得意ではありませんでした。一度にいろいろなことをやってみたり、すぐに違うものに興味をひかれてしまったりと、腰を据えてひとつのことを長時間かけてやり遂げるということはしていませんでした。

まったくなかったわけではありませんが、それを継続させるレベルはそう高くはなかったかもしれません。衝動性や多動性が勝っていたかもしれません。よくよく考えてみれば私自身、昔からＡＤ／ＨＤの傾向があったのかもしれません。

勉強にしてもどちらかといえば、一冊の参考書を集中してやり続けるのではなく、何冊も用意して、そこから都合のいい部分だけはかいつまんでまとめてしまうようなこともありました。灘高時代も、勉強をおろそかにして、成績が急降下したこともあったほどです。瞬発的な集中力が功を奏してなんとか大学受験はクリアしましたが、受験が終わった段階で、頭の中から勉強というキーワードが一時的にせよ外れてしまったといってもいいでしょう。

ＡＤ／ＨＤの場合、前頭葉の機能不全や、神経伝達機能の不良など、脳に何らかの原因があると考えられています。しかし、私は、たとえそうであっても、それが致命的な欠点になるとは考えていません。

ＡＤ／ＨＤが問題となってしまうのは、やはりまわりにいる人間の影響が大きいと思うのです。なにも躾ができていないとか、育児方法に問題があるというのではありません。ＡＤ／ＨＤという病気に向き合う気持ちがまわりに欠如したり、そもそもＡＤ／ＨＤというものを理解していなかったりで、責任をすべて子供に押し付けてしまうことが問題になるのです。

たしかにまわりの子供と比べて言葉を覚えるのが遅い、短気、いうことを聞かないといった傾向は否定できません。だからといって、子供の人格そのものを否定してしまうのは正しい対処法ではありません。

そうした対応では、子供は苦痛なだけで、誰にも心を開くことはありませんし、自分に自信を持つこともできなくなります。

そうではないのです。

好きなことを好きなようにやらせて、やった結果に対し、正しい評価をしてあげるようにすれば、子供は前向きに物事を考えるようになります。本人がそのことによって自信を持ち始めることはもちろんですし、まわりによって見出された才能は、素晴らしい進化を遂げます。

トーマス・エジソン、リンカーン、ヘミングウェイ、アガサ・クリスティ、坂本龍馬、トム・クルーズ……。

ＡＤ／ＨＤではないかといわれ、それでいながら素晴らしい才能を開花させた人は枚挙に暇がありません。

多重化人生というのもある意味では同じこと。それは決して、否定される生き方ではなく、むしろ人生を豊かにする選択だといっていいのです。

やりたいことを貫くために、頭を下げることは大きな問題ではない

「人と上手く付き合っていく」

「ことを進めるにあたっては、円滑に進める」

それが私の流儀です。

医者としての仕事では、まず患者さんに対して高圧的な態度をとることのないように常に心がけています。またまわりのスタッフに対しても同様です。医療の現場であれ、映画の世界であれ、そこで働く人たちは、その世界のプロフェッショナルです。そういう人たちを相手に、医者や監督が不遜であっては、いい仕事などできるはずがありません。

仕事においては、カンファタブル（快適で、居心地がいいこと）こそが理想です。

もちろん、仕事を離れた趣味、セカンドライフでも同じです。

これはもう、多分に性格からくるものでもありますから、変えようと思って変えられるものではありませんが、仕事であれ、趣味であれ、私はどんなシーンにおいても「カンフ

ァタブル」であることを目指しています。

そんな私の流儀とは正反対に、人に対して闘争的というか好戦的というか、とにかく相手を威圧し、従わせようとする人もいます。

私自身、そういう人と仕事をする機会も少なからずあります。しかし、私は私のスタンスを変えることはしません。傍から見ていると「恫喝されて、一方的に従わされている」ように見えてしまうことがあるようです。

映画制作の現場では、そんなことが日常茶飯事です。

なにしろ、長年、映画制作に携わってきたスタッフからしてみれば、私はあくまでも外様であり、一見の客にすぎません。それを生業としている彼らからしてみれば「素人のお遊び」に見えるかもしれません。もちろん私も真剣にやっているわけですが、そう思われるのもやむなしと割り切っています。

だからといって、ただいわれたことを「はい」「ええ」と一方的に聞いているわけではありません。確かに頷《うなず》きはしますが、主張すべきことを放棄しているわけではありません。やることはきっちりとやっています。

女優のAさんという方をキャスティングしたときもそうでした。

とにかく、なにをいってもこちらの意見を素直に聞いてくれることはありませんでした。私の場合、あまり演技に対して、役者さんに対して細かく注文を出すタイプではありません。どちらかといえば、演じる人の表現力に一任することがほとんどです。

相手もプロフェッショナルなのですから、役者としての解釈、表現については役者さんの意志を尊重します。私は編集の段階で、どんな絵をつないでいくかとか、撮影したシーンをどういうふうに見せるかといったことを考えていたいのです。

ですから、演技については、とにかく役者さんの好きにやってもらう。その代わりに、いくつかの構図で撮らせてもらって、編集の段階で選ばせてもらう。そんなやり方をさせてもらうのです。それが、お互いにとって最良の選択だと考えているからです。

この女優さんのときも同じでした。こちらからなにかをリクエストすることはほとんどありませんでした。

しかし、そんな私の流儀はその役者さんには、理解してもらえなかったようです。

撮影を始めてから、やたらとその役者さんから出されるNGが多いのです。演技云々のことではありません。撮影に対する禁忌条項とでもいえばいいのでしょうか、「あれはダメ」「これもダメ」の連発でした。複数のカメラを回すことも嫌いますし、照明に対してもかなり注文がシビアでした。なにより、デジタルカメラでの撮影がお気に召さなかったようです。

かつては一般的だったフィルム撮影に比べて、デジタルカメラによる撮影は、お金がかかりません。私の映画制作の条件は厳しいものです。そもそも、制作費も撮影期間も、スタッフの規模も大手映画会社のそれとはまったく違います。それを承知で出演を受けてもらったはずなのに、こちらとしてはどうしようもありません。

とにかく、撮れるだけ撮って、あとは編集でつないでいかなければ仕方がないわけです。その役者さんはそれがどうにも気に入らない様子です。なにかにつけて、過去の出演作での経験と比べて、不満を口にするのです。

「そんな話は聞いていない」

そんな言葉の繰り返しでした。

あらゆることで自分の思う通りにしないと気がすまない。相手を従わせないと満足しないというかなりの闘争的、好戦的な人でした。
監督である私は、納得できないリクエストを受け入れるわけにはいきません。その姿勢は変えず、頭を下げ、要望を聞いているように装いながらも妥協はせずにカメラを回し続けました。もちろん、かなり下手《したて》に出て、相手のプライドを傷つけないように配慮しながらです。ただ、表面上は相手に合わせながらも、相手の要望はほとんど聞き入れませんでした。頷いて、頭を下げながらも、最後まで自分のプランで撮影を続けたのです。
その役者さんが異を唱えた二台のカメラでの撮影を続け、照明も最初のプランのままでした。その役者さんは、最後には音楽にまで注文をつけてきましたが、私は自分の流儀を変えることはしませんでした。

カンタファタブルな雰囲気を作るために、上手く人と接しようとはしますが、やることはやる。自分がやりたいことを実現するために、頭を下げることはいといません。しかし、主導権は渡さない。

生業ではなく、多重化人生の別の次元での映画制作です。自分が本当にやりたいことをやっているわけですから、妥協できないことにはこだわるべきです。監督として、失敗と

いう結果を受け入れる覚悟はできています。

「損して得とれ」とまではいいませんが、主張の対立を鮮明にしたところで、得るものはありません。自分のやりたいことを貫くためであれば、他人に頭を下げることは、私にとってそれほど大きな問題ではありません。

カンファタブルな気分で多重化人生の夢を叶えていくためには、いたずらに闘争的、好戦的であるよりは、表面的には一歩引いた形で「相手の話を聞くふり」も必要だと思います。

時間を制する者が多重化人生を実現できる

世の中には何事につけ、要領よくさまざまなプログラムをこなしている人がいます。

本業の仕事においても同期の人たちを大きくリードする成果を上げながら、個人的な関心から始めたライフワークにおいても結果を出し、そのうえ趣味の領域でも充実した日々を送っている人たちです。まさに多重化人生を体現しているような人たちです。

「アイツは脳みその成分が凡人とは違うんだよ」

羨ましいとは思いつつも、彼らのような人生を送れない人はそんなひと言で片づけてしまいます。しかし、脳みその成分が違うことなどありえません。大きく違う点があるとすれば、それは成分ではなく、脳みその働かせ方です。

その働かせ方の中でとりわけ異なるのは、時間を有効に使うための考え方です。

多重化人生は文字通り、人生においてやるべきこと、やりたいことを幾重にも重ねるライフスタイルです。しかし、一日二四時間は誰にも平等であるにもかかわらず、多重化を

実現できる人とできない人がいます。その違いは、いかに時間のロスを失くすかにかかっているのです。

決して難しいことではありません。私は次のようなことを心がけています。

①朝方人間になる
②多重化を実現するための知識を合理的に吸収する
③無為な時間を失くす
④やるべきことはスピーディーかつ集中的にやる

アットランダムに挙げればこれくらいです。

①人間の脳は一般的に夜よりも朝のほうがスムーズに働きます。当然、情報のインプットもアウトプットも朝のほうが生産的です。ですから、私は新しい知識の習得のために専門書や資料を読む作業、あるいは原稿の執筆、ゲラのチェックなどは朝からとりかかります。

「息つくひまもないのか？」

そんな声が聞こえてきそうですが、そんなことはありません。私自身、ワインが大好きでほかのお酒も嗜みますし、美味しいものを食べることも大好きですから、夜はこうした作業はほとんどしません。割り切って食事やお酒を堪能したあとは、寝てしまいます。そして朝早く起床して作業にとりかかるわけです。

②多重化人生を実現するためには、そのテーマに関連した書物にも当たらなければなりませんが、手に入れた書物を全部読むことはしません。目次をチェックしたり、ページをめくって必要と思われる個所だけを集中的に読みます。

また、同時に何冊も読みます。すべて「部分読み」です。小説や詩を読むわけではありませんから、これで十分です。

③「ボーッとする時間」を否定するわけではありません。仕事であれ何であれ、壁に突き当たったり、いいプランが浮かんでこないときなどは、その問題から脳の活動を遠ざけたほうが妙案の浮かんでくることもあります。

つねに張りつめた時間を過ごす必要はありませんが、長い時間、弛緩させるのは感心しません。

とくにどうしても見たい番組がないかぎりテレビを見ることは禁物です。多重化人生に有益と判断した番組を観ることは必要ですが、ただ「テレビの電波を浴びている」時間はカットすべきです。

さらに必要以上の睡眠も感心しません。私自身は、五時間から六時間と決めています。「眠い」という誘惑がないわけではありませんが、その代わりに、私は眠くなったら昼寝をするという対応をしているのです。

④「やるべきこと」「やらなければならないこと」に関しては、時間をおかずに着手しなければなりません。人間は強い意志を持たなければ怠惰になります。タイムラグを設けてしまうと「やるべきこと」に対して「やらなくてもいい理由」を人間は探そうとします。ですから、その隙を自分に与えないようにしなければなりません。

①〜④はすべて、多重化人生を実現するために時間を合理的かつ有効に使う方法なのです。

「串打ち三年、割き八年、焼き一生」

「飯炊き三年、握り八年」

前者は鰻屋、後者は寿司屋でいわれる言葉。要は、一人前の職人になるまでには、最低でも一〇年は修業が必要といっています。その世界では、その教えは真理なのでしょう。

しかし、多重化人生においては時間の制約という問題があります。いかに時間を有意義に使うかが、豊かな多重化人生実現のカギを握っているといって過言ではありません。

「時間を制する者だけが多重化人生を実現できる」

多重化のプログラムは人それぞれでしょうが、これを肝に銘じておかなければなりません。

第3章

多重化人生、成功のための方法

起業は思い立ったらまず準備。ただし、入念に！

野球に関していえば、私は熱狂的といってもいいほどの広島カープファンです。ということは、アンチ巨人ということになります。ただ、ミスターこと、長嶋茂雄巨人軍終身名誉監督には、驚かされるエピソードがあります。

現役時代、試合前の練習を終えた長嶋さんは、シャワーを浴びた後、私服に着替えて家に帰ろうとしたというのです。スタッフがあわてて止め、理由を尋ねたそうです。すると、「オレは練習で一試合分、すべてリアルにイメージしてやっている。だから、もうゲームが終わったものと勘違いした」

長嶋さんは、そんな意味のことをいったというのです。「動物的な勘」とか「天才打者」といった形容詞がついてまわり、どちらかといえば地道な練習や周到な準備といったイメージとはほど遠い長嶋さんにして、試合前の準備をいかに真剣にやっていたかがわかります。これは「ものごとを始めるための準備」に関して示唆に富んだエピソードだと思います。

少し前のこと、雑誌の対談でサラリーマンの定年後の起業をサポートするコンサルタントの方と対談する機会がありました。ご自身も定年後、趣味の釣りをテーマにしたインターネットサイトを立ち上げて起業された方で、その段階ですでに、何十人かのセカンドライフを手伝っていました。

その方のコメントを今でもはっきりと覚えています。

「いざとなってから動く人というのは、まず上手くいきませんね」

どういうことかと思い、聞き直してみると次のような答えが返ってきました。

「しっかりと起業ができる人というのは、やっぱりずっと前からちゃんと準備をしていますよ。自分を持っていますから」

定年後、起業をする人というのは、大きく分けて二種類あるといいます。まずは、自分でやりたいものがはっきりと決まっていて、若いうちから準備をしてきたタイプ。もうひとつは定年後、なにもやることがなく、仕方がなく起業をしたり、定年後、思い立ったかのように起業をしたりするタイプです。

ひと言でいえば、準備をしてきた人と、なにもしていない人です。

「やはり、準備をしっかりとしている人というのは考えていますす。定年後の企業というのはほとんどの場合、趣味が高じてというケースです。事前にリサーチもできていますし、事業計画もしっかりとできています。また、趣味をベースにしていますから、流行《はや》り廃《すた》りも把握していて、売り出す方法まで練り込まれています。四〇代、遅くとも子育てがひと段落する五〇代くらいから、先を見据えて動いていますね」

ところが、熟年起業はしたいと思っていても、時間が取れなかったり、あまり真剣に考える時間がなかったりします。そうした場合、定年後に時間が取れてから「さて、なにをしようか」と考える人がほとんどです。結局、安易な企画に手を出し、失敗するというのです。

「これなら自分にもできるだろう」

綿密なリサーチや計画、その業界の流れなどを読まず、手軽そうに見えるものに手を出してしまいます。ラーメン屋、居酒屋などの飲食や、コンビニエンスストアのフランチャイズ加盟などが多いようですが、簡単に手を出し、痛い目に遭う人が後を絶ちません。

とくに飲食店は繁盛しているお店ばかりがテレビや雑誌で取り上げられます。一杯七〇〇円から一〇〇〇円近いラーメンが一日に何百杯も売れると聞けば、それを見た人は、頭の中で皮算用をしてしまいます。

「こんなに儲かるのか……」

商売はそれほど甘いものではありません。

起業した人の七割は三年以内に廃業。一〇年後に残っているのは一割にも満たないというのが実状です。ですから、**起業するにしても相当に計画を練り込み、分析しなければなりません。とくに定年後の起業は、一度失敗するとほとんどの場合、再起不可能なほど精神的にも資金的にも追い詰められます。**

もちろん、考える時間ばかりで結局、決断できないというのはお話にもなりません。それは単なる「絵に描いた餅」なのですから、論評のしようもありません。しかし、今の仕事を辞めて起業しようと思うなら準備にはそれなりの時間が必要です。だからこそ、今の自分の仕事を続けながら、早目に次のステップの計画を立てておくことが必要なのです。

「そもそも『時間ができてからゆっくり考える』という人は、結局それまでなにも考えてこなかったわけです。そういう人が脳がさらに老化した六五歳くらいになって、いきなりいいアイデアが生まれるかというと、それは無理な話です」

そうならないためにも、思い立ったそのときから、備えておくべきといえます。

ブームに流されることなく、長いスパンで業種・職種の研究を

サラリーマンが独立、起業をするには、やはりタイミングというものが重要だということを述べました。テレビでは、二〇代、三〇代で脱サラをして、成功した人たちをよく採り上げています。しかし、私はあまり若いうちに会社勤めに見切りをつけて独立したり、起業したりすることはお薦めしません。「拙速」という言葉があるように、早ければいい、若ければいいというものではありません。

もちろん、経営者としての人並み外れた才能や天才的なスキルをもっているような人は例外ですが、そんな人はほんの一握りの人たちです。

二〇代、三〇代で失敗したときのリスクはある意味、熟年起業以上に大きくなる可能性があります。経験が少なく、人的なネットワークもさほど広くはないだけに、失敗したときに自分に残されるものがありません。立ち直れないほどのダメージを受けてしまうこと

もあります。

医者の場合、四〇代で出世が望み薄となれば独立する人がいるという話は前にしました。しかし医者の場合は、開業してしまえば、それなりに患者さんは来るものです。おそらく激戦区の歯科医でもなければ、それなりに食べていくことはできるでしょう。

しかしサラリーマンからの起業は違います。よほど自分に合わない会社、あるいは合わない職種でもないかぎり、ある程度の経験を積み、ネットワークを広げる助走期間と割り切ってしまう考え方もあります。

その第一の理由が、サラリーマンがとにかく恵まれた身分であるということです。少なくとも一定期間会社に勤めていれば、それによって得られる人脈があります。さらに定期的な収入があるということは、それだけで資金を貯めやすくなるものです。また、額はともかくとして、将来は年金の支給も保証されます。これらはすべて、将来のリスク軽減につながります。

また、会社でのキャリアを生かし、これまで交流のあったビジネス相手を頼りに独立するとなれば、これまで世話になった会社との関係をないがしろにはできません。感情的なしこりを残さないように、起業までにある程度の時間をかけて、相互の信頼関係を築いておくべきでしょう。

前職のコネを生かしての起業であったとしても、一定期間、会社の利益に寄与してきた功労社員を敵対視するような企業は、よほどのブラックでもないかぎりないはずです。逆に、独立を応援してくれたり、仕事を回してくれたりと、利用価値も出てくれば、それこそＷＩＮ―ＷＩＮの関係を築くこともできるわけです。

誰だって、互いに嫌な思いをして、お世話になった会社を喧嘩別れのような形で去るのは嫌なものです。せっかくの門出になるわけですから、互いに笑顔のほうがいいに決まっています。

また、会社勤めを続けながら起業を計画することは、それだけ自分のビジネスプランを練り込む時間を確保することができます。一過性のブームに流されることなく長いスパンで業種、職種を研究することで、時代に見合った戦略を組むことができます。

移り変わりを見抜くことができず、一時の勢いだけで起業して失敗するのがベンチャーの失敗の典型ですが、一〇年、二〇年と起業に向けて用意周到に準備を進めてくれば、そのような罠に陥ることはありません。

優柔不断であってはいけませんが、会社に籍を置き、業務をこなしながら、自分の中で次の人生をイメージしながら水面下で用意周到に準備を進めていく。それだけで失敗は大きく減らすことができるはずです。

「会社を利用する」という考え方

多重化人生を充実させたいと考えるなら、会社とのつきあい方を明確にしておかなければなりません。

「会社を使い倒しなさい」

突然こんないい方をすると、異論があるかもしれません。しかし、私は社員として会社に在籍している間は、トコトン会社というものを利用するべきだと思っています。

もちろん、違法行為は論外ですが、在籍している会社のルールを守るかぎりにおいてどんどん利用すべきだと考えます。

なにも上司や同僚に面と向かって宣言する必要はありません。表向きはあくまでも「会社のため」でいいのです。当たり前の話ではありますが……。

私が懇意にしているある出版社の編集者は、それは見事に会社を「使って」いました。

西麻布に『アルポルト』というイタリアン料理のお店があります。片岡護さんという方がオーナーで、なかなかの有名店です。私自身はとくに通い詰めていたわけではないのですが、その編集者に何度か連れて行ってもらったことがあります。

人によってはオーナーシェフがいるとき、対応してくれるときとそうでないときでは、味に違いがあるという人もいます。しかし、幸いなことに私の場合は、このお店に行くときには、いつもこの編集者が一緒でした。

すると、私たちのテーブルにはいつも片岡さんが足を運んでくれます。そしていろいろと説明をしてくれる。片岡さんは映画鑑賞が趣味ということもあり、映画好きの私と映画の話もずいぶんとしたものです。

料理もやっぱりおいしい。それは、編集者が『アルポルト』に通い詰めて、片岡さんと信頼関係を築き上げてきたからこそのものです。

編集者も、自腹を切っているわけではないはずです。おそらく、打ち合わせや接待、打ち上げなどを利用しては領収書を切ってもらい、会社のお金で通い詰めたのだと思います。でも、それができるというのは、じつはそれだけで凄いこと、賢いことといえます。

第一に、彼は会社を食い物にしているわけではないからです。

この編集者は会社の利益へとつながる職務の一環であることを決して忘れてはいません。彼は会社の利益に結びつく、あるいは近い将来結びつくと判断した人間と有意義な時間を過ごすためにそのレストランを選ぶのです。

味も雰囲気も一流で、彼自身がその店の常連であれば、相手もリラックスできます。彼は仕事を円滑に進めるための最適なシチュエーションとしてその店を選んでいるのです。もちろん、ただ会社のお金だからといって、新しい店、評判の店をまわり歩いたとしても、それは仕事ではありません。舌は肥えるかもしれませんが、単なる会社のお金を使った遊びにすぎません。

ところがこの編集者のようなやり方ならどうでしょうか？

たとえ会社のお金、経費であったとしても、何度も通ってくれるわけですから、店側としては彼は上客です。

「なかなかのシェフだな」

その判断ができるだけでも、彼は優れた舌の持ち主といえますが、彼の仕事は料理評論家ではありません。彼は「もう一つ別の仕事場」として、このレストランを考えているのです。「ここはいい」と判断したら、通い詰め、馴染になっておく。そうすると、なにかあったとき、店が有名になった後でも、上質な接待をすることができる。有名なお店に一見でポンと飛び込んで、高いお金を払って、マニュアル通りのおもてなしをするよりも、ビジネスパートナーからは、はるかに喜ばれるわけです。

彼の場合、辞めても名前を覚えられるくらい通い詰める。それがいい。この編集者も中途半端なら「○○社さん」で終わってしまうわけです。しかし、そうはしない。トコトン通い詰めるわけです。

こういうことはなにも、高級なレストランだけではなく、どこでも同じことです。B級グルメの店でも、ラーメン屋さんでもいいのです。

いわば会社の経費を使いながら、会社の外でビジネスパートナーに喜んでもらい、円滑に仕事の話ができる場所を持つということです。それが結果として、会社の利益を生み出すことに結び付けばいいだけの話です。

「私は会社の経費をほとんど使いません」

そういって誇らしげにいう人がいます。なかにはそうした会社人としての生き方を評価する向きもあります。私はまったくそうは思いません。私にとってはそんな言葉は「私は仕事をしていません」「私はできるだけ人に会わないようにしています」とさえ聞こえてきます。こういうタイプの人が会社に貢献できるとは思えません。

経費がどれだけ認められているのか、その条件は職種や会社によってさまざまでしょうが、会社が認める範囲であれば、そういうシステムを使い倒すべきでしょう。

要は「費用対効果」で、その経費を使うことで利益として会社にどれだけ還元できるかが問題なのです。件《くだん》の編集者にかぎらず、仕事ができる人というのは、そういうものです。

会食にかぎらず、出張費、資料の購入などについても同様です。会社の利益を第一に考えることを忘れてはいけませんが、会社という「ギア」はどんどん利用すべきです。

そうやって会社の仕事をやってきた人は、そこで培ったスキル、そこで得た情報、人脈を多重的人生の糧にします。会社を辞めた後のセカンドキャリアにもそれは生かされます。

会社の利益を忘れてはいけませんが、多重人生を目指すためには、会社の看板、お金は有効に自分の財産になるように使うべきだと私は考えます。

「肩書がほしい」というモチベーションも悪くない

仕事のシーンなどで、実力も実績もないにもかかわらず、やたらと自分の肩書を誇示したがる人がいます。盛り場などでも、求められてもいないのに名刺を配りたがる人もいます。肩書やどこに所属しているかということでしか、人間のアイデンティティを確認できないのでしょう。見ているとかわいそうになってくることさえあります。

けれども、肩書にこだわることのすべてが悪いことだとは思いません。自分がそうなりたいと願う肩書を手に入れるために努力するなら、モチベーションを高める意味でとてもいいことだと私は思います。肩書だけに胡坐《あぐら》をかくのは論外ですが、要は、肩書を手に入れた後でどう生きるか、何を為し得たかが問題なのです。

「『代表取締役』という名刺がほしいから起業する」、「ミュージシャンと名乗りたいから、音楽の勉強をする」、「『自分は作家だ』と言ってみたいから、小説を書く」、「弁護士の名刺がほしいから司法試験に挑む」……。かりに自分を多重人生に駆り立てるきっかけが

「肩書」であったとしても、それは不純なことでも何でもありません。

私自身、ある意味で高校時代からの映画好きが高じて「映画監督」という肩書がほしくなった人間であることは間違いありません。もちろん「映画を作りたい」というのが夢でしたが、それを実現することが結果として「映画監督」の肩書を手に入れることになったわけです。

「和田さんのやっていることって、要はプロデューサーですよね」

映画の話をすると、必ずこう聞かれます。

私の答えはいつも同じです。

「いえ、監督ですよ」

その映画監督という仕事ですが、日本においては、監督とプロデューサーの違いは明確ではありません。

ハリウッド映画などの場合は、映画を撮り終えると、フィルムはプロデューサーが持っていってしまいます。監督は撮影が終わるまでが仕事。撮ったフィルムを切り貼りして、音楽と併せて、作品として仕上げるのはプロデューサーなのです。「ポスプロ」という作業なのですが、これができるのはプロデューサーなのです。

監督として映画人のキャリアをスタートさせたジョージ・ルーカスやスティーヴン・スピルバーグがプロデュースの仕事をやりたがったのも、そのためです。一部では、集めたお金を自分のところに入れるため、管理できるようにプロデューサーをやりたがったともいわれましたが、それだけではありません。やはり自分の作品として、完成まで手がけたかったということでしょう。

一方、日本では「ポスプロ」の作業は監督の仕事です。プロデューサーは、配給の手配をしたり、原作権を取得したり、監督、脚本、配役を決めて、制作現場のスタッフを決めたところで、主な仕事は終わります。

「さあ、あとは予算と時間内で、しっかりと作品を作ってくれ」

通常、制作そのものは現場に任せ、直接タッチすることはありません。

監督は、そこからが仕事。現場にずっと張り付いて、クランクインからクランクアップまで、すべてを指揮します。やはり現場で最初から最後まで指揮をしている分、モノづくり的な感覚があるわけです。

正直にいいますと、監督という仕事そのものは、ある意味で、特別な才覚などなくても、描きたいものさえあればできてしまうものと思います。

昨今、お笑い系の事務所がタレントに映画を撮らせて、自社主催の映画祭を開催しているくらいです。ある程度の予算を組んで、それなりの役者さんとスタッフさえ揃えれば、よほどひどいテーマでもないかぎりは、相応の映画を作ることはできるのです。

監督の良し悪しというのは、「描きたいもの」を決めるセンスだけ。しかし、それこそが自分が監督として表現できる、最大の武器だと私は思うのです。

確かに私がやっていることというのは、プロデューサーの仕事も含まれます。大手映画会社と違い、自分で資金を集めて、自分で原案を作り、役者とスタッフを集め、製作、進行管理まで行い、最後は編集までやらなければなりません。

しかし、それでも、日本で映画を作っている以上、私の肩書は監督でなければならないのです。描きたい作品を表現できる仕事として、私は映画監督という仕事に魅せられたのですから。

私は、映画制作の現場においては望むと望まざるにかかわず、まさに多重的な仕事を受け入れているといっていいでしょう。

実際には同じことをしているのかもしれませんが、やはり自分が背負っている肩書きに

はこだわりたい。だから私は常に、こうクレジットを入れています。

「監督・和田秀樹」と。

私はただただ映画が作りたかっただけですが、映画監督という肩書を手に入れました。会社の名刺に書かれた肩書以外に、多重化人生の一つのプログラムとして、名乗りたい肩書を手に入れるために努力するのは、じつに素晴らしいことだと思います。

常識的な価値観から自由になってみると

多重化人生はステレオタイプな人生から、一歩踏み出す生き方です。とはいっても、ひとりの人生の時間はかぎられています。そういう条件下で、自分が最初に選んだ一つのプログラムのうえに別のプログラムを重ね合わせようというチャレンジです。

それを可能にするために求められるのは、ひと言でいえば「柔らかい頭」です。「柔らかい頭」とは一つの事実、現象を一面的にとらえるのではなく、多方面からとらえることができるスキルです。

ひとつのことを違う角度から見てみると、想像もしなかったものが見えてくることがあります。「押してもダメなら引いてみろ」ではありませんが、一方通行でモノを見てばかりいると、肝心な部分を見落としてしまうものです。多重化人生はさまざまな事柄をいくつもの角度から見ることで成り立つものです。

今の仕事、趣味以外にまったく新しいプログラムを加えようとするときにも、あるいはセカンドキャリアでのプログラム選びに際しても、そんな別角度からの視線が役立つことが少なくありません。とくに必要なのはメジャーなものへの視線よりもマイナーなものへの視線です。

例を挙げて説明してみましょう。

たとえば、あなたが現在の仕事とは別に料理評論家というキャリアを身につけたいと考えたとします。

好きな料理を取材し、グルメ雑誌やテレビなどで論評する仕事で生きていくことができれば、それは楽しい人生になるでしょう。しかし、料理評論家はそれほどパイが多くはない職業です。先人が市場を独占しています。とくに、和食、フレンチ、イタリアン、中華といったポピュラーなものや、俗にB級グルメといわれているようなメジャーなカテゴリーでの料理評論家は飽和状態といえます。

しかし、だからといって料理評論家になるチャンスは、すべてなくなってしまったのかといえば、じつはそうはありません。

もし、料理評論家になることが目的であるならば、なにもメジャーな料理ではなく、マイナーな料理に目を向けて、自分がその道の第一人者になってしまえばいいのです。メジャーな料理は誰にも身近であるためにライバルも多く、生半可な知識では頂点を極めることはできません。

それならば、アフリカ料理、南アメリカ料理の評論家を目指してみるという道はどうでしょうか。評論家になる可能性も高まるはずです。アフリカのダチョウの串焼きや伝統の煮込み料理、セビチェやロモサルタードのペルー料理に精通してみてはどうでしょうか。あるいはスリナムやガイアナといった日本ではなじみのない国の料理の専門家になってもいいわけです。なんでもそうですが、誰も今まで目を向けてこなかったもの、知らなかった領域にある程度精通できれば、その時点で自分が第一人者になるわけです。

「和食が好きだから、料理評論家になりたい」という手段ではなく「料理評論家になりたいから、誰もまだ知らない料理を選ぶ」にするのです。これだけでかなり、当初の目標達成に近づくはずです。要は、どこに価値を見出すのか、目先を変えて考えてみるのです。

余談ですが、ユニークな料理とのつきあい方を紹介します。

私の知人の話です。

外資系の会社を経営しているのですが、その人はいつも、お客さんの接待に使う店選びに頭を悩ませていました。上を見てもきりがないですし、予算的な問題もあります。フレンチ、中華、和食でも、いい店ならすぐに一人前で数万円以上になってしまうこともあるわけです。だからといって、予算をケチればあまりにも安っぽい店で接待の効果も薄れてしまいます。

さんざん悩んだ挙句、その人はいつも、接待に使う店をあるお店に固定したというのです。その店というのがトルコ料理店。なんでも、麻布にトルコの宮廷料理の世界トップといわれている店があるというのです。世界一といわれている店にもかかわらず、コース料理でオーダーしてもせいぜい一万円ちょっとといったところなのだそうです。トルコ料理というのは、じつは世界三大料理のひとつとされているわけです。その世界一のお店なのですから、接待で使っても、なんら恥ずかしいことはありません。

おまけに、そういうウンチクそのものが、接待の話のタネになるわけです。トルコに行ったことのない人がほとんどですから、そういう面でも非常にいい接待ができると知人はいっていたものです。

和食、中華、フレンチ、イタリアンのお店は、相手にも相場やランクが簡単にわかってしまいますし、互いウンチクを傾けたところでさして新鮮味もありません。しかし、セレクトの方法を変えるだけで、はるかにリーズナブルな価格で、スペシャル感のある接待をすることができるわけです。

方法は簡単です。視座、つまりは物事を見る位置を変えてみるだけです。

この項では、たまたま料理を例にとりましたが、何かをセレクトする際、たとえ対象とする領域やシチュエーションが変わっても発想の方法は同じです。

「どんな外国語を学べばいいか」「どんな資格をとればいいか」「どんなボランティア活動をするか」「どんな習い事にチャレンジするか」……。

自分の人生を多重化したいと考えるなら、常識的な価値観から自由になって「ユニークさ」という観点からプログラムをセレクトする道もあります。

要は角度を変えてものごとを見つめ直すことです。

そうすれば、今までの自分にはなかった二人分、三人分の多重なエッセンスを身につけることができるのです。

ヘッドハンティングで注意すべきこと

「現状に満足しない」

多重化人生に駆り立てるモチベーションのひとつです。

そうした生き方の新しいチャレンジ方法として、ヘッドハンティングに応じるという選択もなくはありません。ただし、その選択には熟慮が必要でしょう。

今、日本の技術者は、世界中で引く手あまたです。

少しでも可能性があれば、世界各国の会社が好待遇でヘッドハンティングを持ちかけてきます。とくに中国や韓国。これらの国は、自分たちで技術を開発したり、技術者を養成するよりも、すでにそれを身につけている技術者を取りこむことを第一に考えます。

技術者が引き抜けるのであれば引き抜きますし、それが無理ならスパイまがいの行為をしてでも技術を取り入れようとします。

この部分に関するかぎり、多くの日本の企業はまったく危機管理ができていません。

マグロの完全養殖で話題となっている近大マグロは、養殖技術の特許を取らず、研究費用を捻出するために、韓国に技術協力をしました。韓国では今年からスタートさせるマグロの完全養殖に関し、韓国海洋水産部はこんな主張をしています。

「完全な国産技術で開発した」

また、中国では高速鉄道の開発にあたり、日本の川崎重工から技術協力を受けたにもかかわらず、今では中国高速鉄道の技術を「自社開発」として、海外に売り込んでいる有様なのです。しかも世界中で、この新幹線技術の国際特許まで申請しようとしているのです。

「どんなことをしてでも、欲しいものは手に入れる。そして一度手に入れたものは、トコトン自分のモノだと主張し、技術をもたらしてくれた相手は排除する」

そんなスタンスが支配的ですから、好待遇で引き抜いた技術者も使い捨てに要注意です。はじめこそ、日本国内の会社で得られるサラリーの、二倍、三倍、ときには五倍ものサラリーを提示してきます。しかし、これらの企業が欲しいのは、技術者そのものではなく、技術だけなのです。ですから、いざ転職し、技術を提供してしまえば、あとはお払い箱です。早ければ半年後、長くて三年以内にはクビを切られる可能性もあります。

「こんなはずではなかった」

引き抜かれた側の多くがそんなふうにいって後悔するそうです。一時の甘い誘惑につられ、自分が海外の会社から魅力ある人材と思われたことに気分を良くし、一時の好待遇につられてお世話になった会社を裏切る。

ところが相手の会社からすれば「なにもあなたでなくても、技術を持っている人ならば誰でもよかった」ということです。

後悔先に立たず……

というやつです。

転職という、新しい環境への進出を考えるとき、多くの人は自分の待遇を第一に考えるでしょう。隣の芝というのは青く見えるもので、良い待遇を持ちかけられると、どうしても自分が身を置く職場の環境の良さを忘れて、不満な部分、アラ探しをしてしまうようになります。そして、大して気にもならないような環境に難癖をつけ、転職することのメリットだけを見ようとしてしまうのです。だから失敗するのです。

転職するときに考えなければいけないのは、まずは現在の職場がベストの環境であり、理想的な状況下で仕事ができているという前提から考えるべきです。不満があるから転職

するのではなく、よりいい環境、で、よりやりがいのある、永続的な仕事であるかどうかを考えるべきなのです。大前提は現在の職場を愛すること。その上で、愛すべき職場を捨ててまで、転職するメリットがあるのかどうかを考えるべきなのです。

自分が今いる環境を客観的に見る目が必要です。不満だけが動機の転職では、同じことで悩んでしまうものです。相手に技術をすべて奪われ、使い捨てということもあります。

相手が自分になにを求めて誘ってくるのか?

うまい話には必ず裏があります。それを見抜くには、まず現状の満足な点、不満な点を自分で理解する。その上で吟味することが大事です。

動機が現状への不満だけという転職はいただけません。

次の仕事選びは前向きの「納得」と「満足」

二〇一四年五月に厚生労働省が発表した有効求人倍率は一・〇九倍と、バブル崩壊後ではもっとも高い数字だったというニュースを目にしました。雇用環境の改善が進んでいることを印象付け、景気回復の判断材料にしたいようですが、私には実態はあまり反映されていないように思われます。求人内容をみても、それは窺《うかが》い知ることができます。

多くは正社員などの正規雇用ではなく非正規雇用です。また、定年退職後の世代を安い賃金で採用する再雇用の求人が多いのも気になりました。

職種も、これまでのキャリアを生かせるようなものはあまりなく、単純作業や清掃作業員、警備員や駐車場の管理人のような仕事が圧倒的に多いと感じました。

おそらく、退職後にそういう仕事に就いている人も、根底には不本意に感じているのだと思います。しかし定年後、身体はまだまだ動くし、気力もある。もっと働きたいと思っているのに、なかなか再就職の口がないという現実もあります。

「働けるだけでありがたい」

妥協して、再就職されている人が多いような気がしてなりません。

有名国立大学や早稲田、慶応といった有名私立大学出身者で大手一流企業で管理職をやっていたような人でさえも、妥協の結果、不本意な就職に甘んじているという現実もあります。給与はもちろん、もろもろの労働条件も納得できるものにはほど遠いというのが現状です。これでは、実際の仕事の満足度ばかりか、趣味やライフワークを含めたセカンドライフそのものも不本意なものになってしまいます。

よくいわれることですが、人間というのは若いうちは、たとえ失敗をしたとしてもやり直すことができます。極端な例をあげれば、凶悪犯罪でも起こさないかぎり、更生の道はあります。それこそ、億単位の借金を抱えたとしても、挽回の余地は残されています。

ところが、齢を重ねていくにつれ、逆境を撥ねつけようとする気力や体力は衰えます。弱気になっていくものです。いつしか妥協という言葉を覚え、本心では不本意に感じながらも自分自身を無理やり納得させてしまうのです。リスクに対する警戒心も増大します。危ない橋は、たとえ一休さんに答えを教えてもらったとしても絶対に渡ろうとはしなくなります。

「こんな時代だから仕方がない」

そうして、安い賃金の単純作業に就き、それこそ自分の孫くらいの年齢の若者の指図を受けながら、単純作業の仕事をしていくことにもなりかねません。

なにも、仕事において年配者が年少者に従うことをおかしいといっているのではありません。自分が精通していないことなら、いくつになっても、その道の熟練者に教えを請うのは当然のことです。


ベストセラーになった渡辺和子氏の著書『置かれた場所で咲きなさい』にもあるように、与えられた仕事をないがしろにすることは決して褒められたことではありません。

しかし、知識や経験に裏打ちされたスキルがあるにもかかわらず、それを生かせる仕事に就けないのであれば、それは悲しいことです。

もちろん、単純作業、肉体労働といった厳しく特殊なスキルを求められることのない仕事を否定するつもりはまったくありません。中には目的意識を持って、その職種を選ばれている人もいると思います。

「面倒な人間関係はもういい」

「空いた時間に好きな本でも読みながら、のんびりとやれるのがいい」

それもひとつの立派な考えです。考えての再就職なら、なにも問題はないのです。

要は本人の納得と満足度の問題です。

私は、セカンドライフでの妥協は、一切不要だと考えています。ここまで自分の人生を積み重ねてきたわけです。生きるために、家族のために、会社のために……妥協することも多かったと思いますし、自分が折れ、下げたくもない頭を下げる機会も多々あったと思います。だからこそセカンドライフでは、できるだけ妥協せずに自分が納得し、満足度の高いことをやればいいのです。

そうしたセカンドライフを送るためには、やはり、中長期的な展望やそのための知識や技術の習得、学習が必要であることは当然のことです。

「三回仮説設定＋三回チャレンジ」の法則

「三〇歳までに金を貯めて、海外へ出て四〇歳で起業しろ。財産ができたらそれを三分の一ずつ使って三回商売にチャレンジしてみろ」

日本マクドナルドの創業者、藤田田《ふじたでん》さんが語った言葉です。私にとっては、きわめて共感できる理論です。『起業戦争の極意 ユダヤの商法』という著書の一節と記憶しています。とくに「三分の一ずつ使って三回商売にチャレンジしてみろ」という起業の心得は的を射た言葉です。

要約すると、立ち上げは保有資金の三分の一で始める。そこでうまくいかなければ、その修正のために三分の一を使う。修正すれば前よりもうまくいく確率は上がる。さらに修正するために、三分の一を使う。それで成功しなければ、その商売はどんなにうまくやっても成功しないからと諦める。

そういう考え方です。

起業について藤田さん流の考え方を簡略に述べたものですが、起業だけではなく、多重化人生の新たなチャレンジについても大いに参考になるセオリーだと私は思います。

挑戦するひとつの物事に対して仮説を立てる。ダメなら次の仮説を立てて、もう一度やってみる。さすがに三回失敗したら、それはもう、間違った仮説だったと結論づけるというわけです。けれども仮説を立てたこと自体に過ちがあったわけではありません。**失敗してもいいのです。仮説というのは間違っていてもいい。それを修正することができれば、徐々に成功への道が開けるのです。同時に、失敗から学ぶこともできるわけです。もちろん、いくらチャレンジだといっても、結果として生活破綻を招くようなチャレンジを推奨しているわけではありません。**

なんであれ、新たなチャレンジに際しては「最終結果のイメージがしっかりできているか」という視点が重要であるということは、ほかの項でも述べました。これは仮説を立てることがいかに大切であるかということにほかなりません。

もちろん仮説はあくまで仮説であって、すべてが成功に結びつくとはかぎりません。けれども、どんなことでも仮説さえ立てることができなければ、うまくいく確率が高くなることはありません。

ＳＴＡＰ細胞の小保方さんのケースで考えてみましょう。

彼女が犯した過ちというのは、「できた」という結論を出してしまったことであり、ＳＴＡＰ細胞作成の仮説を立てたことは、それはそれで評価できることだったと思います。あの件に関しては、小保方さんだけでなく、パートナーやまわりではやし立てた人たちにも問題がありました。

実験や検証過程における杜撰《ずさん》さや拙速《せっそく》の誹《そし》りを免れられない面が目立ったことは、紛れもない事実でしょう。

しかし、小保方さんサイドの方法を全面的に擁護するつもりはありませんが、一般論として、科学の世界では、大胆な仮説を立てることは一定の評価を受けて然るべきなのです。科学者としては、それは重要な才能です。

誤解を恐れずにいえば、日本人が崇《あが》めるノーベル賞でさえ、仮説を立てた人に与えられる賞です。なにも理論を証明した人がもらえるものではないわけです。湯川秀樹さんにしても、別に中間子の存在を証明したわけではない。あくまでも仮説を立てただけです。証明したのは後世の学者だったのです。

ですから、今回の理論にしても、「できた」「できない」の話はともかくとして、あの仮説は生かしておくべきなのです。

私が指導者なら間違いなく、「論文は絶対に取り下げるな」といいます。今はできていないのかもしれない。でも、それを将来、誰かが証明したとしたら、どうでしょうか。論文を下ろさなければ理研と小保方さんこそが、ノーベル受賞者になるかもしれないのですから。

さらにいうならば、ＳＴＡＰ細胞が実用化されたとき、何千億円、いや、兆単位の利益を理化学研究所にもたらす可能性があるわけです。いわば、桁違いの宝くじといっていいほどの研究結果を、自ら捨ててしまったわけです。持っていれば可能性はある。でも棄ててしまえば、確率はゼロなのですから。

そもそも、『ネイチャー』にしろ『ランセット』にせよ、科学雑誌に載った論文の八割から九割は、後に否定されてしまうのです。しかし世界中の研究者は、それこそ『とんでも理論』であっても、思いついた時点でフライング気味でもいいから理論を発表してしまうのです。世界中にいるライバルの科学者に先んじることは後々、大きな違いが生じます。どこかの政治家の言葉ではありませんが、「一番でなければならない」のです。

日本のマスコミは、テレビも雑誌も、単にSTAP細胞があるのかないのかだけを騒ぎ立てていました。あげく、捏造《ねつぞう》であると責め立て、理論を取り下げるとまるで「正義が勝った」かのように騒ぎました。まともな科学ジャーナリズムが存在していないことを、自ら証明したようなものです。なにしろ、青色LEDの開発でノーベル物理学賞を受賞した、赤崎勇さん、天野浩さん、中村修二さんのときもそう。わざわざスウェーデンまでいって、取材したことといえば「ダンスは踊りましたか?」ですから。

論文発表は基本的には入札みたいなものなのです。落札するかどうかは、後世の人が決めることで、はじめから完全なものである必要はないのです。それを「完全なものでないから降ろせ」というのは、性急すぎます。

現在のところ、小保方さんサイドになんらかの問題があったことは事実のようです。だからといって仮説を立てたことを含め、小保方さんや協力した科学者を全否定するようなスタンスは異常です。トカゲのしっぽ切りのような対応をした理化学研究所にも問題があります。過ちは過ちとして検証し、修正したうえで三回くらいはチャレンジの機会を与えてはどうかと私は考えます。

責任者を無理やり仕立て上げて、鬼の首でも取ったように大騒ぎする風潮はどうにもいただけません。それをいうなら、森口尚史がＩＰＳ細胞での心筋移植手術を成功したと嘘をついた際、特任研究員として雇用していた東京大学はなぜ、誰も責任を取らなかったのかということになるのです。

自然科学であれ、社会科学であれ、人文科学であれ、研究という領域は、それまでの常識から考えれば疑問符がつくような出発点であっても、基本的には自由にやらせてみればいいのです。人類史上の偉大な発見や発明は、最初の仮説の段階ではほとんどが誰からも相手にされないものでした。たとえば、地動説を唱えたコペルニクスはその典型でしょう。当時、彼は奇人扱いされました。

藤田田さんの「三回仮説設定＋チャレンジ」説からちょっと、話が横道に逸れてしまいました。起業を考えている人にとって、この藤田さんのスタンスは参考になるものだと思います。

また、起業とまではいかずとも、仕事やライフワークの領域で新たなチャレンジを考えている人にとっても心にとどめておくべき法則だと思います。

第4章

明日のために失くしていいもの、失くしてはいけないもの

フェアかつオープンな人間関係を忘れない

「厚かましい人間になっていいのですよ」

私は患者さんに対してよく、こういう話をします。私自身、人との出会いは、人一倍大事にしています。「厚かましい」といっても、無礼を推奨するわけではありません。常識をわきまえつつも、他人に対して心を開く「オープンマインド」のスタンスを推奨しているのです。

一期一会。

仕事でもプライベートでも、なんでもそうです。そういう出会いを求めて、私自身、かなり厚かましい行動をすることもあります。

どんな人との出会いでも、無駄なものというのはなにひとつありません。

「袖すりあうも多生の縁」。

ですから、たとえ実際には袖すら摺りあうこともないようなささやかな出会いでも、ずうずうしく、話しかけていけばいいのです。

名刺を交換した相手ならば、そこで名刺入れのコレクションを増やして終わらせるだけでは、もったいない。何か特別の興味を覚えるような相手なら、ハガキでもメールでもひと言メッセージを送る。挨拶状でもお礼状でもなんでもいいでしょう。その相手に聞きたいこと、話したいことがあれば、積極的にアポイントメントを取ることです。

大事なのは、出会いのチャンスを無駄にしないこと。そして、出会った相手を放置しないことです。

金持ちであろうと貧しかろうと、社会的地位が高かろうが低かろうが、ひとりの人間に与えられた時間だけは平等です。もし、豊かな多重化人生を送ろうと願うなら、自分に用意された時間を有効に活用しなければなりません。人との出会いや接触はまさにそうしたチャンスなのです。

会社なら、自分よりも立場が低い従業員、部下や非正規の従業員の面倒を見たり、取引先の相手にも気を使えるような人間になるのが理想的です。それこそ、従業員を一カ月一○○時間以上も時間外労働させたり、過労死をさせても平気でいられるような、そんな人間になったりしてはいけません。地位や立場というのは、その人間の本質とは無関係であり、あくまでも一過性のものです。

つねに、ひとりの人間対人間として付き合う、自然に接することが大事なのです。フェアかつオープンなマインドを忘れてはならないのです。

それを忘れてしまった人間はいつかしっぺ返しを受けると心得ておいたほうがいいでしょう。

かつて私は、浴風会病院という、高齢者専門の総合病院で精神科医として勤務をしていました。一九八八年から留学をはさんで七年間ほどになります。

浴風会は大正一四年に設立され、じつに九〇年近い歴史がある病院です。杉並区高井戸にある関係で、来院されるお年寄りの方の多くが、俗に「セレブ」と呼ばれるような方たちでした。

元大臣や、一流企業の元社長といった、それこそ名前を聞けばほとんどの方が「ああ、あの人ね」とうなずくような方が受診されたり入院されたりしていました。そのようなつながりがあったために、たとえば新しい設備を導入したりする際には、さまざまな情報を得たり、便宜を図ってもらったりもしていたそうです。その縁で、公的機関やそれに準ずる機関から補助をしてもらったこともあります。日本中央競馬会社会福祉財団や馬主会、日本船舶振興会や東京都共同募金などです。皇室関係の方も入院していたこともある病院でした。

そういう患者さんを診察しているとき、ふと気付いたことがありました。

同じように現役時代は、社会的地位の高いキャリアを生きてきた人であっても、人間性や性格によって晩年の人間関係が異なるということです。

やはり、仕事のシーンにおいて後輩、部下、あるいはビジネスパートナーを大切にしたり、人一倍面倒を見てきた人というのは、一目でわかるのです。病院スタッフとのコミュニケーションの仕方、日頃の表情などにそれが表れます。

そして、見舞いに来られる人が明らかに多いのです。間違いなく、こういうタイプの人は現役時代にオープンマインドで他人に接してきた人なのでしょう。

そうした人生の晩年には、そうした人生にふさわしいシーンが訪れます。

たとえその患者さんが、認知症の症状が進み、見舞い客を認識できなくなってしまっていたとしても、あるいは寝たきり状態になって、会話ができなかったとしても、常に誰かが病室を訪れています。花瓶には綺麗な、新しい花が飾ってあり、お見舞いの品もたくさん置いてあります。

逆に、病院スタッフに対して尊大、横柄な態度で接する患者さんもいます。そこから現役時代の言動も容易に想像がつきます。昔からふんぞり返って、部下を顎でこき使い続け、立場に胡坐をかいてきた人なのだろう……と。

そういうタイプの患者さんを見舞う客はほとんどいません。現役時代の社会的注目度からは想像できないほどに、それは寂しい入院生活を送っていました。いつまでたっても「昔の自分」とのきちんとした折り合いがつけられないまま、生きながらえてきたように感じました。

しかし、その原因はまさにその「昔」の生き方にあるのです。

「情は人のためならず」

現役時代、人間関係においてきちんと他人に接してきたかどうかが、晩年になって明らかになるのです。現役時代をファーストステージ、リタイア後の入院生活をセカンドステージとするなら、ファーストステージでの人間関係において誠実であったかどうか、それがセカンドステージで顕在化してくるのです。

死ぬまで豊かな生き方をする上でもっとも重要なのはお金ではなく、やはり人なのです。打算だけで人とつきあうことは感心しませんが、敬意を保ちながらも他人に対して興味を持つマインドは失ってはいけません。

そこから、今まで自分の知らなかった世界への窓が開き新しい情報も得られます。豊かな多重化人生には豊かな人間関係が欠かせません。

もう少しだけ余裕をもって生きること

多重的に生きる豊かな人生には、豊かな人間関係が欠かせないと述べましたが、まわりを見渡してみると、表面上だけの浮薄な付き合いをしている人があまりにも多いと感じます。そう感じさせる人の共通した欠陥は自分本位ということです。相手の主張に耳を傾けようとか、相手のことを理解しようという姿勢が欠落しているのです。

そうした姿勢がなければ、表面的に仲良くなることはできても、有意義な人間関係は結べません。上辺《うわべ》だけの浅い付き合いばかりを増やしていたのでは、自分を磨くことも、人脈を財産にすることもできません。

とはいうものの、現代の人間関係にはちょっと厄介な問題もあります。

最近は、メールの普及とともに、人間関係において、ひと昔前には想像もできなかった問題が生じています。

自分の送信メッセージに対して返信が少しでも遅いと、相手に猜疑心を抱いてしまうような傾向もあるようです。ＬＩＮＥなど、その最たるものといえるでしょう。

ＬＩＮＥは、相手に送ったメッセージを、相手がいつ見たのかがわかります。「既読」が表示されてもすぐに返事が来ないと、それだけで相手を疑ってしまう人さえいます。

「メッセージを呼んで五分も経っているのに返事もくれない。きっとあの人は自分のことが嫌いなんだ。そうに決まっている」

信じられないことですが、既読無視が原因で、これまでに拉致監禁や殺人未遂といった事件も起きています。古くは手紙、そして電話がコミュニケーション手段の中心として使われていた時代ではあり得なかったことが原因で、容易に人間関係が崩壊してしまうのですから恐ろしいものです。

まだ、特定の病名こそつけられてはいませんが、いずれ研究が進み、原因究明がされていけば、きっと新しい精神疾患として認定されるようになるかもしれません。

「ＬＩＮＥシンドローム」

精神科医の間で、そんな病名が日常的に使われる日が訪れるかもしれません。

誰にでも、返信したくともできないことはあるものです。用事があったり、仕事をしていたり。スケジュール管理が達人級に上手い人でも、無理な時間というのは必ずあります。あるいは、体調がすぐれないとか家族が急病ということもあるでしょう。それは当たり前のことです。しかし、当たり前であるはずのことすら、当たり前だと思えず、ほかの理由を考えてしまうのです。自分だけがのけ者にされている、無視されているのではないかという恐怖、猜疑心を持ち、相手を信用できなくなってしまう人もいるかもしれません。

これはもう、神経症の前兆ともいえます。

また、人間の相性というものもあります。いかに人との出会いを求めるといっても、すべての関係が、一方が望むような形で良好に結ばれるとはかぎりません。そのことは肝に銘じておかなければなりません。

他人との交流は多重化人生を充実させるための必須要件ではありますが、相手の主体性を認めたうえで成り立つものです。自分の言動に対して自分が望んだように相手が反応しなかったからといって、必要以上に怒ったり、落胆したりするのは身勝手というものです。

人間関係、人付き合いというのは、自分を苦しめるため、追い込むためにあるものではありません。どちらかが傷つく前に適切な距離感を保つことも必要です。時間を取ることで見えてくる部分もありますし、一時のヒートアップした感情を押さえ、冷静になって考え直すこともできます。

メール返信を巡る過剰な期待や思い込みは、愚の骨頂です。

得てして、相手からあっさりと返事が届くこともあります。

「ゴメン、昨日は忙しくて」

じつはほとんどが、このひと言で片付いてしまうものなのです。

「もう少しだけ、余裕を持って生きる」

自分の価値観だけで相手を判断せずに、相手に対する評価をいったんは留保することも大切です。これができるか否かで、毎日の過ごし方は劇的に変化するはずです。

「何者でもない自分」になったときの協力者は

「誰が相手でも変わらずに同じ態度で接することができたら、どんなにいいだろう」

そんなことをよく考えます。私にとっても、それは現実的には無理な話で、やはり好きな人もいれば嫌いな人もいますし、こちらから積極的に「会いたい」と思う人もいれば、何度誘われても「いや、ちょっと」と断ってしまう人もいます。人間ですから、誰でもそうでしょう。

しかし、いい人間関係を続けていきたいのであれば、他人との接し方に注意を怠ってはいけないケースがあります。

私はつねにこう考えます。

「自分が難しい立場になったときに、誰が手を差し伸べてくれるのか?」

「驕《おご》る平家久しからず」のたとえ通り、人間関係において、驕りや不遜《ふそん》は慎まなければなりません。「自分がそうされたらイヤなこと」は、相手にもしてはいけません。

私自身の経験をお話しましょう。

私がテレビ出演したときのことです。MさんとSさんの比較がわかりやすいかもしれません。

トラブルがあり、Mさんの方は看板番組を失い、Sさんの方は引退を選択することになりました。もっとも、トラブルの内容そのものに大きな差がありましたから、それは仕方がないことなのかもしれません。ただ、そんな二人を比較すると、私はMさんには復活するだけの土壌があり、Sさんにはないのではないかと感じました。

どちらも大御所。それなりの地位もありました。

Mさんは、たしかに視聴者から見れば偉そうに振る舞うこともないわけではありません。それは彼の個性の一面であり、司会者としてのパフォーマンスでもあります。偉そうに振る舞いつつもゲストや裏方のスタッフにもしっかりと目を配っている。面倒見がいいんです。ですから、現場のスタッフからも、Mさんへの反発はまずありません。私もかつてMさんの番組に何度も呼んでいただきましたが、本当に感じのいい人でした。

しかし、Sさんの場合は違いました。力で押さえつけるやり方のように思いました。自分への絶対服従というスタンスを崩さない。圧力がすごい。

「お前、なんの先生や？　精神科医？　楽な商売やな」

私も何かの番組にゲストとして呼ばれましたが、随分と横柄な態度で接してきたことを覚えています。ゲストで来てもらった相手に対し、いきなりそういう話し方でした。本当に驚きました。

本人に悪意はないのかもしれません。しかし、悪意があるかどうかを判断するのは、本人ではなく相手です。彼一流の、人との接し方だったのかもしれませんが、私には不快な思いだけが残りました。なにか距離を縮めたいという感じは伝わってくるのですが、結局はそれが押し付けになってしまう。

たとえば、なにかの仕事で大阪に行ったとします。Sさんは大阪にもビルを持っていて、お店も結構出しています。それで、大阪に来た人が自分の経営する店に顔を出していなかったりすると、声をかけてくるそうです。

「なんや、せっかく大阪に来とるのに、水くさいやん」

一見、優しく、気遣っているようにみえるのですが、紳士的な手法ではありません。気遣う振りをして、優しく「水くさいやん」といいながら、相手にとっては強要されているようにも聞こえてきます。

Mさんの場合、たしかにいくつかのレギュラー番組は失いました。しかし、思っていた以上に打ち切りになる番組は少なく、現在もレギュラーを持っています。スタッフや共演者からも、擁護の声はあっても、悪評はまず聞こえてきません。

ところがSさんの場合はどうでしょう。視聴者からは、かなり厳しい意見が聞かれますし、テレビ界からも復帰を求める声は聞こえてきません。もちろん、降板の原因となった問題の質の違いがあります。しかし、それだけではないような気がします。

立場が変わったときに、相手がどう対応してくれるか。

それは日ごろの態度に関わってきます。

「会社を辞めたとき」「地位がなくなったとき」、いわば「何者でもない自分」になったとき、誰からも見向きもされないような人間であってはいけません。セカンドキャリアはもちろん、多重化人生においても協力者は現れません。

会社勤めであっても、上にばかり媚びへつらい、下には厳しくする。そんな打算的な付き合いをしている人間は人間関係を狭くしてしまいます。

一面において「仕事ができる」「有能だ」と評価されていても、生きるグラウンドが変わってしまえば、無用の長物になりかねません。

自分でできることに徹する、が理想

「本当にやりたいことは何だろう？」

経済的な理由からではなく、セカンドライフにおいて新たな仕事やライフワークを決めるとき、これを最優先させてプランを立てるでしょう。

このセカンドライフを謳歌するために、ずいぶんと耐えてきたという人もいるでしょう。義務から解放されて自由になったからこそ、本当にやりたいことをやる。それまでの時間は、このための準備期間だったと考えて生きてきた人もいるでしょう。

私にとって映画制作がまさにそれです。映画を作りたいからこそ、ほかの仕事もがんばることができたわけです。ただし、私の映画制作は、セカンドライフのメインの構成要素ではなく、生業を続けながら同時進行的にチャレンジするものです。映画制作は多重化人生の一構成要素です。

医者、著述業、大学院教授を辞めたわけではありません。世間一般的な定年までには時間もありますし、今後、それらの構成要素がどう変化するかはわかりません。

しかし、定年後のセカンドライフの場合、あまり悠長に構えていられないというのも事実です。時間的な制約があります。「やりたいこと」を見つけたとしても、「道半ばにして」という事態だけは御免こうむりたいものです。


そこで重視したいのが「能力特性」です。

私はどちらかというと、人付き合いはそれほど得意ではないと自覚しています。むしろ下手なほうかもしれません。それでも監督として映画を撮っています。医者としても、多くのスタッフとともに、患者さんに接しています。しかし、人付き合いが苦手であることを理解し、そこには必要以上に踏み込むことはしません。

できないものを無理にやろうとしても、うまくいきません。余計なストレスを招くことになりかねません。時間の制約のあるセカンドライフで何をやるかは、自分ができることに徹すべきでしょう。


「やりたいこと」を追求することは間違いではありませんが、「やりたいこと」と「やれ

ること」は必ずしも一致しません。能力特性をよく考えて、自分には何が得意で、何が苦手なのかを精査したうえで選択することです。もちろん、「苦労はするかもしれない、それでも挑戦したい」というなら、それはそれで一つの選択ではあります。

しかし、セカンドライフにおいてはスペシャリストの道がベターな選択だと私は思います。ゼネラリストになる必要はないのです。

しかし、「やりたいこと」だけを優先してセカンドライフをプランニングしてしまうと、自分のスキルと現実とのギャップに戸惑うこともあります。そこでつまずいてしまい、本来やりたかったことが、苦行になりかねません。そうならないためにはまず、「やりたいこと」が同時に「できること」なのか判断しなければなりません。自分の能力特性を客観的に測定することです。

「身体を使った作業は苦手だけれど、ＩＴ系に関しては滅法強い」

「金集めがとにかく上手い」

「営業は苦手だけど、宣伝や広報に長《た》けている」

能力特性は人それぞれです。能力特性が発揮できない領域は他の人に委ねて、自分でできることに徹する。それが理想でしょう。

「やりたい気持ちは山々だけど、時間の制約と自分の能力特性を考えると、今回の人生ではむずかしい。次の人生にとっておく」

好奇心をくすぐられる仕事やライフワークが見つかったとしても、そのくらいの冷静さと余裕を持ちながら、セカンドライフプランをプランニングすべきです。

新天地でもやり続けること

スキルに自信を持っていること、好きでやっていること、生きがいを感じていることがあり、その領域で未完成のテーマがあるならば、やり続けるという生き方は素晴らしいものだと思います。

しかし、自分のそうした願望が叶えられるとはかぎりません。組織に属した身であれば、定年、異動などによって、その道が閉ざされることもしばしばあります。

多重化人生を推奨している私ですが、立場や所属場所を変えてひとつのことをとことん突き詰める、その道を究めるという生き方を否定するつもりはありません。それどころか、自分のやりたいことは変えないものの、新天地を求めて挑むことも多重の人生のひとつのパターンであると考えます。

余人をもって代えがたいスキルを持った技術者であったり、大きな業績を上げてきた工場長が、会社の都合や定年退職などでその能力を生かせなくなるのはもったいないことでしょう。仕事の能力ばかりか、気力も体力もあるならば、セカンドステージを求めるのは当然のことです。ほかの企業に誘われて、その仕事をやり続けるという選択も、ある意味で多重の人生といえます。

スポーツの世界でいうと、現在は日本代表に復帰していますが、数年間シンクロナイズドスイミングの中国代表チームのコーチを務めた井村雅代さんや、同じく中国のプロサッカーチームの監督になった岡田武史さんなどはその典型といえます。

ジャイカ（ＪＩＣＡ）のシニア海外ボランティア事業に参加する人などもそうしたタイプの人たちですし、製造業のエンジニアとして東南アジアなどの新興国で活躍する日本人も数多くいます。こうした人たちの生き方も見事な多重の人生です。

経済の低迷が叫ばれて久しい日本ですが、大企業、中小企業を問わず、世界に誇れる技術者がまだまだ数多く存在します。とくに日本の町工場の技術者たちのスキルは特筆すべきものがあります。専門外の競技用ソリ「下町ボブスレー」、低コストの深海探査船「江戸っ子1号」を作った東京下町の町工場の技術者などが有名です。彼らは、本業とは別の領域にチャレンジして成功させたという意味では、「見事な多重」といえます。

「自分がやりたいからやる」「やってやろうじゃないか」という古き良き職人気質の勝利といってもいいでしょう。

「自分がやりたいからやる」は世界のホンダの創業者である本田宗一郎さんのモットーでもありました。

少し話は逸れますが、私が本田さんを高く評価するのは、一族を経営人には加えなかったことです。ホンダのような世界的企業は、もはや本田さんの私有物ではなく社会的存在です。多くの創業者が「私有の誘惑」を絶ち切れない中、本田さんは世襲には否定的でした。それどころか晩年、「社名に本田を残したのは痛恨の極み」といった意味の発言をしています。「無限」というモーターレースのエンジン開発などに特化した会社を長男に経営させたものの、ホンダ本体の経営には一族を加えませんでした。そして、自身は最後まで「技術屋」を貫き通しました。

F1好きの人ならば、一九九〇年暮れのFIA表彰式のことを覚えているでしょう。

特別功労賞を受賞した本田さんは、当時のマクラーレンホンダのエース、故アイルトン・セナにいいました。

「来年も君のために、ナンバーワンのエンジンを作るよ」

本田さんは翌年八月に帰らぬ人となりましたが、その言葉に偽りはなく、アイルトン・セナは、その年のシリーズチャンピオンを獲得しました。

戦後一世を風靡した二輪車「カブ」に始まりＦ１にまで挑戦し、成功させた本田さんは、最後まで経営者としてよりも、技術屋としての生き方を貫きました。

漫画家の赤塚不二夫さんも、自身を貫く生き方をしていました。

戦前の満州生まれで、敗戦後引き揚げてきてからも家族ともども苦労の連続でけっして恵まれた少年期を送ったわけではありません。中学卒業後すぐに映画の看板を描く会社に就職しました。漫画家として成功した後も、タモリさんを発掘し、多くの著名人と交流を持ち、尊大さをまったく見せない人柄で多くの人たちに慕われていました。

自分の「スキルに自信のあること」「好きでやっていること」「生きがいを感じること」を求めて、新天地でそれを続けていくことも、多重化人生のひとつの選択であることは間違いありません。

勝てる分野で勝負をすること

「成功をしたいのなら、ライバルの少ない領域を狙う」

どんな領域であれ、他の追随を許さないほどのスキルの持ち主は別として、ライバルが少ないということは成功の確率が高くなります。

賛否は分かれますが、そういう意味では、オリンピックに出場したいがために、選手層の薄いカンボジア国籍に変えてマラソンの代表を目指した猫ひろしさんのやり方は、選択肢としては否定できません。結果として出場はできませんでしたが、彼が日本代表としてオリンピックに出場できる可能性は、間違いなくゼロなのですから、単純に比較論だけでいえば、選択方法は正しかったわけです。

ちょっと極端な例を取り上げましたが、さまざまなシーンでの仕事選びにおいて、「オンリーワン」を目指すなら、競争相手の少ない領域にチャレンジするやり方もあります。

かくいう私も、結果としてそのひとりだったかもしれません。というのも、当時、私は老年精神医学というほとんどの医者が目も向けなかった領域を専門に選びました。

今でこそ高齢者の認知症が大きな社会問題になっていますが、にもかかわらず、その認知症を含めた老年精神医学を専門としている医師は極めて少数です。少なくとも、私が知る限り、その実態（家庭も含む）をきちんと理解して診察をしている医師はほとんどいないといっていいほどです。

信じられないことですが、大学病院の外来で診察し、結果として教授になるような医者も似たようなものです。私のところに来る患者さんの相談でも、そういうケースがかなり見受けられます。ある大学の附属病院の医師の診察を受けました。その診断書を見せてもらったのですが、私は驚きました。ひと言でいえば、脳のことはわかっていても、こと認知症に関してはまったく理解していないのです。ですから患者さんにも家族にも、まったく的外れ、とんちんかんなアドバイスをしているのです。

「いったい、なにをやっているんだ」

私はそう叫びたい気持ちに駆られました。大学病院の医師でさえ、その程度なのです。

医学界において、老年医学という領域が生まれたのは、関東大震災直後です。震災によって、多くのお年寄りが子供や孫に先立たれてしまいました。そうした方々の面倒を誰が見るかという問題が浮上しました。そして結局、国が面倒を見るという方向性も生まれました。その際、前項で説明した浴風会という養老院に、当時の東京帝大が医師を派遣し研究を始めたのが、老年医学のはじまりでした。当時、世界最大の老年医学研究機関といわれていました。

第二次大戦後はアメリカ軍が進駐してきましたが、当時のアメリカにすら老年医学という発想はなく、このジャンルは世界的に見ても後発的医学でした。そのため、競争相手も少なく、医師の中にも明確に認知症と鬱病の違いや、老人の心の問題を説明できる人というのは、今もそれほど多くないのが現実です。

私はそんな世界で二七年間やっていたわけです。多くの経験を積んできましたし、患者さんを診てきました。口幅ったい言い方になりますが、積み重ねていたものがあるのですから、他の医者に比べれば圧倒的なアドバンテージがあるわけです。

私が老年医学の知識もないまま患者さんを相手にしている医師と診断が異なったとします。私はその医者にこう尋ねるでしょう。

「では、あなたはその患者さんが二〇年後、どんな症状を呈するかわかりますか？」

おそらく、相手は押し黙るでしょう。私にはそれだけの自負があります。何も自慢話をしたいのではありません。悲しいことですが、これが今の老年医学の現状です。

とはいうものの、もし私が目指していた道が、内科や外科だったとしたら、そうはいかなかったはずです。たとえばトップの循環器内科医でいるというのは、もの凄く大変なことだし、仮にそうなったとしても、それをやっている限り、他のことはなにひとつできなかったと思います。

「自分が勝てる分野で勝負をすること」
「ライバルの少ない分野を新たに開拓すること」

セカンドドライフでの仕事選びもそうですが、もし、自分がオンリーワンを目指すのであればこういうポイントから考えてみるという選択もあります。

第一人者になってしまえば、その世界ではトップになれる。トップに立ってしまえば、その時点で自分こそが余人をもって代えがたい人になるわけです。

そんな道もまた、いいものだと思います。

コアな領域を極めて、第一人者になる道

自他ともに認める「オンリーワン」になった同級生がひとりいます。

私の母校である灘中、灘高の同級生で、中田考《こう》君です。イスラム国による事件でたびたびマスコミに登場し、事件の本質、日本政府の認識や対応について指摘した人物です。

今やイスラム世界の研究にかけては、間違いなく日本の第一人者といっていいでしょう。


もともとプロレスが好きで、私にその面白さを教えてくれたのですが、高校卒業後、彼は早稲田大学に進学したため、私との交流はありませんでした。しかし、二年生になるとき、彼は東大文Ⅲに入り直してきたのです。文学部のイスラム学科を卒業すると修士課程に進みました。そして、その経緯についてはわかりませんが、中田君は大学一年生のとき、突然イスラム教に入信しました。ほどなく、学校にお祈り用の絨毯を持って登校するようになりました。ゾホルと呼ばれる祈りの時間は午後一時ごろ。この時間になるとかならず

絨毯を広げ、メッカに向かって祈りを捧げていました。そこで研究者生活を続けることが困難な事態が生じたようです。イスラム教に対する担当教授との認識、関わり方の違いがもっとも大きな原因だったようです。

担当教授は机上の理論でのみ、イスラム教に接している人。かたや彼は、正真正銘のイスラム教徒でした。教授はそれを気に入らなかったようです。

しかし、しばらくして彼はイスラム青年会議の日本代表に選ばれたのです。

イスラム教徒の日本人青年というのは、それだけでも稀有な存在です。しかも東大時代にしっかりとイスラム教を研究した実績もあります。日本においては、誰もがあまり注目することのない領域でした。

中田君はイスラム青年会議に参加しましたが、ここでの経験は、彼にとって、これ以上ない貴重なものだったといいます。まさにオンリーワンという存在になったわけです。

なにしろ、各国の代表はそのほとんどがイスラム世界から選ばれたエリートたちです。トルコ代表やイラン代表などは、将来の首相候補と目されていた人たちですし、それこそ、サウジアラビアやＵＡＥなどの代表は当然、王族の人たちなのです。中田君はいわばイスラム社会のＶＩＰたちと交流することができたのです。

こんな経験は、並の日本人にはまずできません。

その後、彼はイスラム法学者として、カリフ論、バイア論、寛容論ほか、多数のイスラム法学の論文を発表しました。それらの業績によって『日本オリエント学会奨励賞』を受賞するなど評価されています。中田君はイスラム国軍の司令官とも直接情報交換ができ、何度もイスラム国の支配地域に足を運んで接触しているといいます。

少し前には、北海道の大学生が、イスラム国の戦闘員になりたいと志願した際、真偽はともかくとして、その仲介者として取りざたされたりもしました。

現在の世界情勢を考えたとき、イスラム国のメンバーと接触できる人物というだけで危険視されてしまうかもしれません。しかし、それはともかくとして、私は彼の著作を読んでみて、研究者としての彼を高く評価しています。

イスラムの中ではシーア派とスンニ派があり、ホメイニ師のような人が率いるイランのシーア派が過激、イラクなどのスンニ派が穏便と日本人は考えていますが、彼の論によれば、それは大きな間違いなのだそうです。本質的にはむしろシーア派のほうが穏健であるにもかかわらず、スンニ派が早くから欧米諸国への接近を模索していたことから、そうした誤解が生じたと断じています。

本当は、日本では穏健派とされるサウジアラビアのワッハーブ派というのが、もっとも過激な存在なのだというのです。その最たるものが『ジハード』（聖戦）の解釈です。

本来ジハードというのは、身内で戒律を破ったものに対する仕置きが原則でした。今語られているような対キリストというようなものではないといいます。しかし、唯一、外部ジハードを認めているのが、じつはワッハーブ派だというのです。イスラムに対する冒涜者は殺してもいいという思想です。そして、ワッハーブ派の主流なのが、サウジアラビアだと説明しています。たしかにオサマ・ビン・ラディンもサウジアラビア出身でした。

ですから、アメリカや連合軍が今、盛んにイスラム過激派を攻撃していますが、本当に危険なのはサウジアラビアなのだというのです。

もちろん、中田君のいっていることがすべて正しいのかどうかはわかりません。

この中田君のように、コアなジャンルにチャレンジすれば、そのジャンルに精通することで第一人者になる可能性があるということです。

彼のいう「本当に入り込んでいる人間にしか知ることのできないことがある」という言

葉には、十分説得力があると思います。

もちろん彼は純粋な興味と信仰心から、イスラム教やイスラム文化の研究を始めたわけですが、その結果、余人をもって代えがたい存在になったわけです。高校時代には想像することもできませんでしたが、今後、日本において、私は中田君の存在がさらに注目を集める可能性は非常に大きいと考えています。もしかすると、日本とイスラム社会の橋渡し役として、重要な役割を演じるかもしれません。

「オンリーワン」という生き方の代表的なケースといえそうです。

「人のために」「世の中のために」という観点

人は誰でもどんな小さなことであっても、「世の中の役に立つことをやり遂げて死んでいきたい」と願うはずです。少なくとも、自分が生きた証として何かを残したい、できることなら自分の名を歴史の一ページの片隅にでも刻まれるような功績を残したいと……。

生きていくために働くことは誰も課せられた使命ですが、それとは別に「世の中のために」「人のため」に働きたい、生きたいという気持ちはほとんどの人間が持っているはずです。

それが可能であるか、不可能であるかは、その人の置かれた状況によって違ってくるのは仕方がありません。

「人のために」「世の中のために」を多重化人生のひとつのテーマとして、今の仕事を続けながら、あるいはリタイア後のセカンドライフにおいて、それを選択するのも素晴らしいことだと思います。

阪神大震災や東日本大震災において、被災地でボランティア活動に取り組んだ市民がたくさんいましたが、それも「人のために」「世の中のために」をテーマにした多重な生き方の例です。

私自身、留学でトラウマ治療の勉強をしてきた経験を生かしたいこともあって、神戸に一年間、毎週心のケアのボランティアに通い、今でも福島県の広野町に通い続けています。リタイア後、自分のスキルを生かして開発途上国の工業製品生産の技術指導、農業の技術指導にいそしむ日本人もいます。こうした活動をしている人は日本人だけではなく、多くの外国人を含め、数えきれないほどいることでしょう。

政治家たちが手をこまねいているなか、個人レベルでこうした活動をしている人たちに対して敬意を払わずにはいられません。誰もが同様の行動を起こすことはできませんが、ささいなシーンであっても、「人のため」「世の中のため」という行動はあるはずです。それができる人間でありたいと私も考えています。

「人間、死んでからだよ」

これは土居健郎先生（故人）から、亡くなる直前まで何度となく聞かされた言葉です。土居健郎先生は日本はもちろん、海外でもその名を知られた精神科医、精神分析家です。日本人の精神構造を解き明かしたその著書「『甘え』の構造」はベストセラーになりました。また海外でも多くの国で翻訳されています。

晩年、土居先生は癌を宣告されていたせいか、死後への意識というのをかなり強く持っていました。二〇〇四年に「土居健郎記念賞」を設立したのも、精神衛生学の若い研究者を育成したいと願ったからにほかなりません。そうすることで同時に、死後、自分の名を残すことを意識したが故のことなのかもしれません。

実際、自分の理論や名前が、死後にどのくらい評価されるかということを考えていらっしゃるようでした

やはり、なにかの功績を残したとか、自分が生きているときに、なにをしたのかという観点から自分の生き方を考えることは、非常に重要なことだと思います。ただ、誰かのレールに乗って生きてきただけ、惰性で生きてきてしまったという人生はある意味で、寂しいものかもしれません。

他の項でも述べたように、本田宗一郎さんや松下幸之助さんはというと、後世まで名は

残るでしょう。鉄鋼王と呼ばれたアメリカのアンドリュー・カーネギー、同じく自動車王のヘンリー・フォードももちろん残るでしょう。スティーブ・ジョブズも然りです。彼らはそれぞれ独自のビジネススキームを完成させました。さらに、こうした人たちは、社会貢献という活動にもきわめて積極的でした。

では、現在の日本にそうした人物はいるでしょうか。たとえばIT業界はどうでしょうか?

楽天の三木谷浩史さん、ソフトバンクやヤフージャパンの孫正義さんといったクラスの人が、彼らの死後も偉人としてずっと語り継がれるでしょうか。

今のままであれば、私は「ノー」と答えざるをえません。

たしかに、彼らが立ち上げた会社は残るでしょう。しかし、会社が残ることと、名前が残ることでは、明らかに違います。彼らがしていることは、利益最優先で会社を経営しているだけにしか見えません。

独自に画期的なビジネススキームを構築したかといえば、そうではありません。既存のコンテンツ、誰かが作った手法を利用して、利益を得ているだけのように見えます。積極的に社会貢献活動をしているかといえば、私の知るかぎり、それもありません。ある程度の地位と財産を手に入れたのであれば、後は自分の名前をなぜ残そうと思わないのでしょうか。なぜ、そう考えないのかが、私には不思議でなりません。

一般のサラリーマンも同様です。

レベルの差こそあれ、ただなんとなく、今の地位や役職を手に入れて、やりがいも感じずに業務をこなしている人もいるでしょう。このままでは、なにも残すことはできないでしょう。私はそうした人生を責める立場にもありませんが、考え方ひとつ、行動ひとつで変えることは可能です。

多重化人生のアイテムとして、「自分だけができること」あるいは「人のために」「世のなかのために」というテーマを考えてみてはいかがでしょうか。

第5章

死ぬまで勉強は欠かせない！
いい人生のための和田式学び方

学ぶことを忘れてしまったら、もはやその人の人生に「新しい自分」が登場することはありません。しかし「新しい自分」の出番が多いか少ないかは、年齢とは関係はありません。

現役世代の二毛作、三毛作人生にはもちろんですが、多重で豊かなセカンドライフを願う人にとっても、勉強は欠かせないものです。

勉強法は体全体で、やりやすさ、リズム、スピードを確認

「和田式勉強法」

私はこれまで、じつに多くの勉強法を紹介していました。とはいえ、ひとつのことに対して「あれも」「これも」とやたらと多くの勉強法を紹介してきたわけではありません。あくまでも、私が実践し、さらには指導をして「これは」といえるもの、実際に効果があったものだけを紹介しています。ただ、私が推奨する勉強法だけが万人にとってベストではないこともまた事実です。

たとえば英語。

私が尊敬してやまない、ある精神科の先生がいます。おそらく日本でもっとも英語ができる精神科医といってもいいでしょう。

この先生が実践している勉強法があります。

「とにかく読むこと」

それも、辞書を引かずに読むことこそが英語の上達法だといいます。話を聞いてみると、なるほど確かに一理あると思わせる理論です。実際にそのやり方で英語が上達したという人も多くいます。

しかし、これは私のやり方からすると、まったく逆なのです。

私の場合はまったく違います。むしろ徹底して辞書を引きます。わからないことがあれば一語一句、辞書を引いては頭に叩き込んでいきます。やはりその言葉の意味を英英辞典、英和辞典でハッキリと把握したいのです。私にとっては、意味を頭の中に残すことが重要です。

では、その先生のやり方と、私のやり方では、どちらが正しいのでしょうか。

これは答えが出るものではありません。会話力、リスニング力を重視するなら前者でしょうし、文章読解力なら後者でしょう。

これ以外にも英語にはさまざまな勉強法があります。

「文章をひたすら読め」「英文法をとにかくこなせ」「一日一時間、音読しろ」「聞くだけでいい」などなど……。

それこそ一〇〇人いれば、一〇〇通りの勉強法があるといってもいいのかもしれません。

そういうときには、やはり実際に試してみて、自分に合った勉強法を探し出していくしかありません。

ただ、この際にどうしても注意してほしいことがあります。

「表面だけを少しかじって、それで判断だけはしないこと」です。

二〜三日、一回に三〇分程度くらいの短時間で試すだけで、判断はしないでほしいのです。この程度のトライアルでは、その勉強法が本当にいいのかどうかも、自分に合っているのかどうかもわかりません。

せめて一回に一時間以上。そして期間としては、やはり三カ月くらいはとって、実践す

るべきです。勉強法には単にやりやすさだけでなくリズムやスピードも求められます。要は、上辺だけでなく、体全体で、その勉強法が自分に合っているかどうかを確認するのです。そこまでして勉強法というのは、はじめて身につくと思うのです。

少し時間はかかりますが、一度理想的な勉強法を身につけることができれば、その後のほかの勉強は格段にはかどります。また、自分に合った勉強法で身につけた知識は、定着度が高くなります。

理想の勉強法は早く見つかれば早いほうがいいに決まっています。

しかし、だからといって、きちんと検証もせずに、安易な選び方をすることだけはやめてください。次から次へと勉強法を変えてしまっては、自分に合った勉強法は逆に見つかりにくくなってしまいます。急ぎたい気持ちはわかりますが、だからこそじっくりと時間をかけて検証してほしいのです。

選択の範囲を少し広げて勉強法を探してみてください。

自分の得意としているフィールドで勝負するのが最良

誰でも、強制されてやる勉強ほど苦痛なものはありません。学習意欲もわきません。だから当然、学習効率も低くなります。

会社の仕事なら強制されるのも致し方ありませんが、セカンドライフや多重化人生のための勉強は自由な意志に基づくものです。仕事であっても、経営者からの画一的、かつ無理強いのような勉強指令は、その効果も疑わしいと私は思わざるをえません。

余談になりますが、たとえば、日本国内の会社なのに、社内の公用語を英語にし、新人からベテランの社員にまで英語のマスターを強制した会社がありました。苦痛な勉強を強制させられるというのは、人によっては拷問以外のなにものでもありません。いくら社是とはいえ、あまり感心できることではないと私は思ってしまいます。

私は、中高年から始める勉強というのは、まず「勝算ありき」で考えるべきだと思いま

るべきです。

なおかつ気力も漲《みなぎ》っているのであれば、それは問題ないことです。積極的にチャレンジするべきです。

強く関心を惹いたもの、習得意欲を駆り立てられた題材であれば、やや難解なものであっても、比較的容易に身についてくるものです。

しかし、そこまでの意気込みや気力がない、それでもなにかを学びたいという場合は、自分の得意としているフィールドで勝負をするのが最良の方法だと思います。「アウェイ」ではなく「ホーム」で勉強科目を選ぶべきです。

お勧めしたいのは、一度学んだジャンルのものから手を付けていき、そこから枝葉を伸ばしていくというやり方です。

一度勉強しているものというのは、ある程度のブランクがあったとしても、割と思い出せるものですし、一度思い出してしまうと、要領よく身についてくれるものです。

「ああ、そうだった」「そうそう、この方程式を使えば……」

ある意味、復習と同じやり方ですから、勉強もはかどります。なにより、「自分の頭の中で問題が解けている」「勉強ができている」と感じられることで、脳はさらに活性化されていきます。この効果は絶大です。

「やってみせ、いって聞かせて、させてみせ、褒めてやらねば人は動かじ」

山本五十六の言葉です。復習というのは、このプロセスをすべて、自分の頭の中で実行できる方法といえます。

「やる」「唱える」「思い出す」「できる」「自分を褒める」「やる気になる」

新しいジャンルでの予習ではとかく途中で躓《つまず》きがちですが、復習にはそれがまずないのです。これほどカンファタブルな勉強はありません。

また、復習をしていくうちに、かつては解けなかったり、苦手ゆえに敬遠していたジャンルに興味を持ち、チャレンジしてみたくなるということも少なくありません。

これは、自身の経験が、それまでの知識を補足、強化することから生まれてくるものです。たとえば、計算が得意だった人が就職し、総務部に配属された。担当は経理だが、部署柄、人事の話などもよく耳にするようになった。雇用契約書の作成も、まわりで何度となく繰り返し作業をみていたり、電話のやり取りを知らず知らずのうちに聞いていたりしているうちに、法令関係にも興味が出てきた。昔は苦手なジャンルだったが、今ならできそうな気がする。そうした連鎖が生まれます。

そんなきっかけから、法律関係の勉強をしてみたくなるということもあるかもしれないのです。

かつて自分ができたことからは、自信が得られます。自分が積み重ねてきた経験からチャレンジ精神が生まれます。そうした連鎖的な勉強をすることで、効率的に新しい知識や情報を積み上げることができるわけです。

ポイントはこの連鎖です。足を踏み入れたことのない「アウェイ」の領域で勉強するよりも、かつて慣れ親しんだ「ホーム」の領域で勉強するほうが、さまざまな知識や情報の連鎖を生み出しやすいことは明らかです。

「アウェイ」でまったく新しい友と知り合うこともいいことですが、「ホーム」で変貌を遂げた旧友に再会するのも一興というものです。昔話一辺倒では進歩がありませんが、新しい情報や知識の習得、新しい発見があるはずです。

こういうことは、人生経験を積んできたベテランだからこそできる勉強法といってもいいでしょう。

セカンドライフにおける勉強は、受験勉強とは違い、短期間で頭の中に、方程式や単語を詰め込めるだけ詰め込むような必要はありません。なにも、ぎゅうぎゅう詰めの満員電車に乗るのではなく、快適なグリーン車に座って、ゆっくりと目的地に行けばいいのです。ゆとりがあれば、すべてが違って見えるものです。外の景色も眺められますし、くつろげることで、リラックスして勉強をすることができます。

そのときに新しく見えてくるものもあるのです。

「セカンドライフの勉強は、振り返る余裕を持って」

なにも焦ることはないのですから。

マイナス思考は諦めるための「言い訳」を作り出す

「勉強をしていて一番難しいことは？」

こんな質問をされることがよくあります。単刀直入にいえば、こういう方は、自分がどこでつまずいているのかが見えていないのではないかと思います。ひと通りの勉強をしている。それなりに覚えたと感じている。しかし、思ったような成果が見られない。

「間違ってはいないはずなんだが」

そんな手応えの弱さが、自分を不安にさせ、判断を狂わせているのではないかと感じてしまうのです。

人間がモノを覚えるということは、それほど苦ではありません。別項でも述べましたが、基本的に記憶は自然のメカニズムです。ただ、それをなかなか上手く引き出すことができない。それを「暗記ができない」「記憶が苦手」と判断しているのです。

記憶はできている。ですから、私はアウトプットの方法、つまりそれを上手く引き出すための勉強法を推奨しているのです。復習という作業も、アウトプットトレーニングに大きく貢献しています。

さて、勉強の中でもっとも難しいのはミスをしないことでしょう。

とくに中高年の人は、「つい」「うっかり」という形で、ミスをすることが少なくありません。

受験生ならば、ひとつのミスが命取りになるケースもありますが、むしろセカンドライフとしての勉強という意味では「当たり前のこと」と割り切って、それほど気にせずに、勉強を続けていくべきでしょう。もちろん、ミスをしたところはしっかりと確認し、同じことを繰り返さないようにするのは大前提です。ただ、ここでやってはいけないことがあります。

ネガティブに考えることです。

「歳かな。物忘れが最近多くて、つまらないミスも増えた」

マイナス思考は、諦めるための言い訳を生みます。実際は勉強のやり方が自分に合っていないだけなのに、身につかないことの原因を、自分の老化にこじつけてしまうのです。

だからすぐに「なにをやってもダメだ」と決めつけてしまい、諦めてしまうのです。少なくともセカンドライフでも勉強をしたい、知識を得たいと考えている人の頭が悪いわけがないのです。

覚えられないということも、いってみれば自分に合った勉強法ができていないだけであり、物忘れにしても、じつはアウトプットトレーニングの仕方が上手くできていないだけで、決して自分自身が老けたり、頭が悪くなったりしたことが原因ではないのです。

ローゼンタール効果（ピグマリオン効果）という言葉があります。

何かを期待された人は、まったく期待をされなかった人と比べ、成功する可能性が明らかに高いという実験に基づく理論です。だからといって、期待感がプレッシャーになってしまえば逆効果です。追い詰められて萎縮してしまえば、自分のスキルを充分に発揮することができなくなります。

勉強にかぎらず、何かにチャレンジするときには、自分にほどよい期待をかけて取り組んでください。自分の予想以上の成果が残せるはずです。

「暗記」が勉強の基本。ひたすら読み込めばいい

定年後、あるいは現在の仕事と並行してまったく新しい領域の事柄に挑戦するのであれば、その領域について学習しなければならないことがあるのは、当然のことです。それが仕事であれ、趣味であれ、ボランティア活動であれ、実りの多いものにするためには、まずは知識、スキルの習得が求められます。

とくに専門的な知識の習得が大前提となる職種や領域では、いかにそれを効率的に身につけるかが、多重化人生においては重要なテーマです。

現在の仕事を続けながら、新たなキャリアを目指すために、あるいはセカンドライフでの仕事として何かの資格を得るためにどうしても勉強しなければならないという局面も出てくるでしょう。

たとえば、弁護士はもちろんですが、公認会計士や税理士などの、取得するのが非常に難しい資格への挑戦という選択もまれにあるでしょう。それ以外にも、公的な試験で資格

を取得しなければならない、あるいは資格取得が目的ではなくとも専門的な知識を身につけなければならないという場合もあるでしょう。そんなとき、大切なことがあります。

「四の五のいわずに暗記する」

この学習姿勢がなければなりません。

別の項で「ゆとり教育」への私の批判的見解を述べましたが、あらゆる学習において暗記を軽視することは基本的な過ちだと私は考えます。

なにかを覚えるというのは、じつはそれほど難しいことではありません。書かれているもの、すでにそこにあるものを、ただ頭の中に詰め込んでいけばいいだけだからです。

そもそも、人間の脳というのは、一度取り入れたもの、目に入ったものは、例外なく頭の中にストックされます。この時点でほとんどの人は、暗記というものはできているわけです。問題なのはそこからです。

頭の中にインプットされた記憶が自分が必要とするときにスムーズに出てくるか、否かなのです。これができないが故に、人は苦労するわけです。

エビングハウスの忘却曲線というものがあります。

人は、一度頭の中にインプットした情報を、時間の経過とともに忘れ去っていくという法則です。二〇分後には四〇％のことを忘れ、それは時間とともに増えていくというものです。一時間後には六割。翌日には七割のことを忘れ、一カ月後には八割のことを忘れるという法則です。

しかし、私はちょっと考えが違います。

あくまで仮説ですが、人間というのは忘れるのではなく、頭の中にインプットし、覚えているのだと思うのです。しかし、その記憶をどこにしまったかがわからなくなってしまう。その結果、せっかく記憶したことを、思い出せないでいるだけなのだと考えます。

事実、すっかりと忘れていること、昔はどんなに思い出そうとしてもなかなか出てこなかったことが、ある日、なんでもないときにふっと脳裏に浮かんでくることがあります。皆さんも経験があるはずです。

「なんであのときに思い出せなかったのだろう」

本当に忘れてしまっていたのであれば、こんなことはないはずです。

つまり、暗記というのは、誰もが普通にできていることであり、これを鍛えるには、これといって難しい勉強法というのは必要ないわけです。ただひとつのことをするだけ。「ひたすら読み込む」のです。

これは、私が英語の勉強法として昔からいっていることなのですが、計算や分析といった応用力とは違い、暗記は、ひたすら頭に詰め込むだけです。「なぜ」「どうして」という疑問は、ただただ習得を遅らせるだけで何の役にも立ちません。「理屈以前」のことなのです。

当たり前の話なのですが、同じ本を二度、三度と読み返すと、次の台詞、次の展開がすぐに頭の中に浮かんできます。この「同じ工程を繰り返すこと」というのが、暗記力を向上させるために、もっとも大きな力となるのです。

同じことを繰り返すことで、頭の中の記憶は二重、三重に上書きされていきます。人の脳というのは便利なもので、上書きされたからといって、コンピュータのように、それまでのデータが消去されてしまうということはありません。きちんと同じ場所にストックしてくれます。

都合のいいことに、同じことを何度も繰り返していくと、記憶というものは浅く見つけやすい位置に保存されていきます。暗記というのはこういう作業の繰り返し。瞬間的に記憶力を向上させることはできませんが、同じことをただ繰り返すだけですから、暗記力を鍛えることというのは、それほど難しいことではありません。それこそ、縄跳びを一〇〇回飛ぶ。バットを五〇回素振りする。それだけの単純作業で身についてしまうものなのです。

実際、私は過去に、精神分析の翻訳書を出したことがあるのですが、このときに暗記の力を痛感しました。かつて私は英語をマスターするために留学した際、才能のなさそうな英会話はさっさと諦め、代わりに宿題や馴染の英書を何度も読み返したのです。

すでに三〇歳を過ぎており、学生時代にやっていた勉強としての英語は、とうの昔に忘れていたと思っていました。ところが、読むことを繰り返しているうちに、かつて勉強をしていた学生、受験生時代の勘が戻り、頭の中にスラスラと英文が入ってきてくれるようになったのです。

その結果、厄介な単語、専門用語が並ぶ精神分析関連の書物の内容も、スムーズに理解できたのです。

一〇年以上離れていた英語の勉強でも、こうしてやることで昔のことを思い出せるのです。暗記の底力です。

暗記は同じことをただ単に繰り返す作業だけで身につくものです。しかし、一度頭の中に叩き込んでおけば、一生ものです。

誰しも、一度頭に入れたものは、そう簡単に消え去るものではありません。

私はこれまでに何度となく、この記憶を呼び出す、「アウトプットトレーニング」の大切さを説いてきました。暗記力というのは、その礎ともいえるものです。

暗記をおろそかにしてはいけません。

やらなくていいものはやらない

勉強において、誰にでも「苦手な科目」というものがあります。

できない勉強というのは、たとえどれだけ時間をかけたとしても、そう簡単に身についてくれるものではありません。確かに時間をかけて克服したときの達成感というのは、何物にも代え難いものがあります。しかし、苦手を克服するための時間が限られている、多重的生活あるいはセカンドライフにおいては、苦手な勉強への対処法を考えなければなりません。

「やらなくていいものはやらない」

ときにこういうスタンスが必要です。

なにも学生時代のように、なんでもかんでも詰め込むようなやり方はしなくてもいいのです。それに、ひとつのものを取得するためのやり方がひとつしかないわけでもありません。

外国語習得についても同様です。私の場合は英語でしたが、「なんでもかんでも」という考え方は、初期の段階で放棄しました。私は優先順位をつけたのです。

私が留学先で苦手だった英会話の習得ではなく、まず文章の理解力、文章の作成能力を最優先しました。外国語をマスターするといっても、まずは会話力なのか文章力なのか、それぞれ勉強方法は異なります。誰もが自分の得意とする「入口」からマスターしていけばいいのです。

大事なのは、「自分は頭が悪いからできない」という考えを棄てること。

これはどんなときにも、私が必ずいっていることです。悪いのは頭ではなく、方法であることを、自覚してください。

誰でも、まわりから自分の能力を否定されるというのは嫌なものです。ましてや、自分自身を否定するというのは、正直なところ愉快なことではありません。

よく「自己分析をして冷静に見つめ直しなさい。そして、悪いところを洗いざらい出して、それを直しなさい」などと主張する自己啓発本を見かけます。確かに自己分析は必要なことですが、あまりにも自分を否定的に結論付けることはいかがなものでしょうか。

夢も希望も気力も削がれてしまいます。自分自身というのは人間にとって、冷静に見直せる存在ではありますが、一方で唯一絶対の味方なのです。それなのに、いきなり自己否定などしてしまっては、なにも前向きに考えられなくなってしまいます。

まずはマイナス思考を棄てること。

そして、嫌なものはやらない。やりたいものだけをやることです。

勉強というのは「やらなければいけない」という義務感を持って始めると、それは苦行でしかありません。

しかし、多重化人生実現のためにやる勉強は本来、義務ではありません。なんの強制もなく、自分の自由な意志でやりたいことをやる、知りたいことを知るという勉強は、これはもうむしろ趣味の領域です。ゴルフのパッティング技術が上達すると嬉しい。好きな本を探し当てると感動する……。それと同じです。

私たちが多重化人生において身につけたい知識や技術というのは、義務教育や受験勉強のように、強制的にやらされるものではありません。自分でやりたいことをチョイスし、

嫌なもの、不要なものはトコトン排除していいのです。

「好きでもない家業を継がざるを得なくなった」とか「転職するのにはどうしてもこの資格が必要」といった、どうしようもない状況にでもならないかぎり、嫌なことにエネルギーを傾けるべきではありません。

一時、「断舎利」という言葉が流行りましたが、勉強にしても同じことがいえるのです。苦手なこと、面倒だと感じるものについては、まずは棄ててしまい、わかること、できることから手をつけていくことです。嫌いなこと、不得手なことに手をつけるというのは挫折の第一歩と考えてください。

多くの日本人は真面目で几帳面です。なにかを始めると、一から十まですべてをマスターしなければいけないような考え方をしがちです。しかし、そんな必要はまったくないのです。ゴルフを始めるにしても、はじめからフルセットを揃える必要などありませんし、すべてのクラブを使い分けるスキルなど必要もありません。上級者でもむずかしい三番アイアン、四番アイアンなど、なくてもいいわけです。

何度もいいます。

嫌いなもの、不得手なものにあえて挑むことはありません。

不思議なことに、この当たり前のことが、なかなかできない人が、じつは多いのです。時間が制約される多重人生です。効率よく時間を使うためにも、まずはこれをマスターしてください。

勉強の中にある「面白さ」を見つける

当たり前のことですが、人間というのは、「面白い」「できる」「楽しい」と思ったことに対しては、積極的です。

実際、勉強ができる人というのは、大人も子供も同じで、問題を解くことを「楽しいこと」と感じています。実際、そうならない限り、勉強というのはどうしても「人から押しつけられてやるもの」という認識になってしまいます。まるで強制労働のように、やらされることそのものが目的となってしまい、本来の目的である知識を身につけることが忘れられてしまいます。

「誰かにやらされている」この考えも捨て去るべきです。かくいう私もそうでした。

大学を卒業して、精神科の研修を始めたときは、自分で進んで選んだ道であったにもかかわらず、勉強は苦痛以外の何物でもありませんでした。与えられた文献が難しすぎて理解できなかったのです。精神科医になるためのプロセスでは、哲学や文学の講読も必要とされていました。当時、そうしたジャンルの本を読むことが好きではなかった私にとって、この研修は拷問そのものでした。

「これでは医者になる前に、こっちが患者になってしまう」

私は精神科医を諦めようと思いました。

実際、東大での精神科の研修は、その理由だけでなく精神障害者解放運動など政治的なことばかりをやらされていて、それが苦痛になってやめることにしました。二年目には内科の研修に切り替えてしまいました。もっとも、内科は精神科以上に馴染めず、私は最終的に精神科に再度もどることにしたのですが。

もともと、興味津々で進んだ精神科医の世界ですが、フーコーやハイデッガーのような哲学論は、そうしたジャンルの素養に乏しかった私には、「面白い」「楽しい」とは無縁のものでした。

精神科医となる支えになるどころか、この仕事を諦めることすら考えさせたバッドアイテムだったのです。手応えをなにも掴めないまま、ただ毎日、理解できない教科書を眺めていただけなのですから無理もありません。

理解できないまま進む勉強は苦痛そのものです。毎日が過ぎるごとに、自分は着実に、好きで飛び込んだ世界から一歩、また一歩と置いていかれるのです。

本当に理解されていない情報の上に、また新しい情報が上書きされていくのですから、まさに砂上の楼閣のようなもので、これが役に立つとは思えません。言葉は入ってくるものの、すべてがトンチンカンな世界。まったく言葉の通じない異国に、ひとりで放り出されたような気分にさせられるのです。


そんな私でしたが、転機が訪れました。

国立水戸病院での後期研修をやりながら通った慶應大学主宰の精神分析セミナーでのことでした。ここで学べたことで、私の考えは一変しました。このセミナーでは、日本の精神分析家のトップクラスの先生たちが、難解な文献の垂れ流しではなく、自分の言葉でわかりやすく、丁寧に教えてくれたのです。

「地獄に仏」とは、まさにこのときのことでした。このセミナーで理解できなければ、神経内科へ転身しようと思っていただけに、「精神科とはどういう学問か」を理解することができたときの喜びはひとしおでした。

ここで教鞭をとっておられた故・小此木啓吾先生や、北山修先生の講義は、精神科医としては比較的初歩に近い知識が中心でしたし、ある程度のレベルの話もわかりやすいものでした。しかし、私にとってはそれこそが必要だったのです。教えていただいたことが素直に頭の中で理解できる。スーッと脳内で消化できたのです。そうなると、自然と「自分は頭が良くなった」と感じられるようになるのです。それがなによりも嬉しいのです。

一度基礎が身についてしまえば、面白いように知識が頭の中に溶け込んでいきます。だからますます勉強が楽しくなる。いくらやっても飽きないのです。

私は最終的に、精神科の勉強そのものを、好きな趣味のように考えられるようになったのです。特に留学中は英語での講義だったのにとてもわかりやすく、ますます好きになりました。

おそらく、最初の精神科の研修のときのように、難しい文献を渡され、なにも理解できぬまま二年、三年と過ごしていたならば、私は精神科医にはなっていなかったでしょう。どんなに興味を覚えたこと、やりたいと感じたことであっても、わからなければ続けることはできません。

わかるようになるには、どこの入口から入るかが問題です。

どんな勉強でも入口はひとつだけではありません。一つのアングルからのアプローチだけで理解できないとあきらめてはいけません。いくつかのアプローチ方法の中から、自分にあったものを選別する必要があります。

違うアプローチの方法で、理解できるかどうかを試していく。そうして、自分に合ったやり方を見つけていけばいいのです。自分自身の理解力に問題があるのではなく、理解の方法に問題があるのです。

大事なことは、やり方をふるいにかけていくことです。そうして、最終的にやりたいことを実現させる。それが理想的な選択といえるのです。

快体験をすることで脳を刺激することが大事

「歳を取ったせいか、どうも物覚えが悪くて……」

「えーっと、なんだったかなあ? アレだよ、アレ」

加齢とともに脳の機能は衰え、視力や体力と同じように記憶力や思考力は加速度的に低下すると考えている人は随分と多いようです。しかし、人間の脳というのは、それほど単純な構造ではありません。

確かにアルツハイマー病のように、普通とは異なるかたちの脳の老化がおこって脳が変性するケースの場合は、脳の機能低下を防ぐことは難しいといわざるを得ません。

しかし、通常の老化。とくに心身に問題なく、相応の歳の取りかたをしている人なら、それほど極端な脳の劣化というのは見られません。少なくとも生涯において、障害なく生活を送るのに差し支えのない程度の機能は、誰もが維持できるのです。

記憶力も同じです。

多少の劣化は仕方がないとしても、必要以上に気にする必要はありません。普通に使っているかぎり、脳の実用機能は十分に保たれているものなのです。それでも衰えた、脳機能が低下したと感じている人がいます。その原因はたったひとつだけです。

「脳の機能を使っていないから」

ただ、この一点です。使わないから、脳機能の低下が起こるのです。

私の経験からいえば、若い人に比べて高齢者は、この「脳を使っていないときの衰え方」がかなり激しくなります。高齢者によくあるケースですが、少し転んだだけで骨折したり、若い頃ならすぐに治るような病気でも、免疫力の低下などにより、思った以上に長引いたりすることがあります。そういう「なにか」があるときに一気に機能が低下するのは、脳も同じことです。

「感情の老化が脳機能の低下を促す」

私は、そう考えています。

感情の老化は、老化現象のひとつではあるのですが、これを放っておくと、人は急激に老け込んでいきます。無気力になり、なにをするのも億劫になっていきます。主体的になにかをしようと思わなくなり、楽な状態でいることに慣れてしまうのです。早い人では三〇代あたりから始まっているようですから、これは十分に注意する必要があります。

私は、感情の老化には二種類あると考えています。ひとつは無気力。もうひとつは、喜怒哀楽という感情の偏りです。

前者の場合はかなり症状が進んでいる場合ですので、個人でどうのという手段は難しいものがあります。後者の場合は、主に「怒」と「哀」に偏ることが多いようです。

お気づきの方もいると思いますが、このふたつは、喜怒哀楽の中でも、本能だけで動けてしまう行動です。「喜」と「楽」というのは、感情の要素が大きな行動であり、これができている限りは少なくとも、脳機能の衰えを気にする必要は、それほどありません。ここが抜けてしまい「怒」と「哀」だけだと、脳の機能を使うことが著しく低下するため、結果として脳の老化を推進させてしまうことになりかねないのです。まわりを見てみると、当てはまると思いませんか？

怒りに任せて瞬発的に行動している人、ただヘラヘラと笑っているだけの人。認知症になったり、要介護になったりしている人の多くに、こうした症状が目立ちます。

そうした症状を回避するためには、まず意識的に「カンファタブル」な自分でいることです。つまり快体験をすることで脳を刺激することが大事なのです。進んで「笑うこと」と「喜ぶこと」です。

これを意識的、積極的にやってみてください。微笑むこと、笑うことです。作り笑いでもいいのです。快体験をしている自分を素直に喜ぶことです。

勉強でも遊びでも、まずはできること、やれることから優先的に手を付けることです。何度もいうように、できないものは放棄してしまっていいのです。まずは理解できること、やる気を刺激することからスタートする。なにも学生時代の体育会の部活動ではないのですから、辛い、きついものをイヤイヤやる必要はないのです。

目的はあくまでも、多重化人生の花を咲かせるためですから、それに徹することを考えてください。

復習は新たな知識や情報との出合いの場

目的に向かって勉強はしても、目的を達成してしまうとそこで習得した知識をあっという間に忘れる。こういうのは本当にもったいないと感じます。

どんなことでもそうなのですが、アフターケアができないと、せっかく身につけた知識を頭の中に留めておくことができなくなってしまいます。合格するまではあれだけ苦労して詰め込んだ知識を、試験が終わったからといって、アッサリとお払い箱にしてしまうというのは愚の骨頂。

一度覚えた知識は、自分が望んだときにいつでも使えなければ意味はまったくありません。そもそも、勉強のための勉強ほど虚しいものはありません。

私は昔からこう考えています。

「復習こそが勉強なり」

美味しい漬物を作る作業を勉強にたとえるなら、復習というのは漬物石のようなものです。どんなにいい白菜と塩が手に入っても、最後にしっかりと重石をしてあげなければ、美味しい漬物はできません。せっかくいい教材、いい勉強法を手に入れて、それを頭に詰め込んでも、試験が終わったらすべて忘れてしまうのはナンセンス。それは試験のためだけの勉強ではなく、多重的生活において役立てる勉強であるならば、しっかりと身につくものでなければなりません。

すでにインプットはできているのですから、後はそれを自在にアウトプットできるように、定着させるべきなのです。その術はやはり復習以外にはありません。

しかし、この復習に関していえば、とても面倒なことと感じている人が多いようです。しかも、その傾向は若い人よりも齢を重ねている人ほど顕著になる傾向があります。

とても参考になる資料集が手に入った。あるいは、大変興味深い本を読んだ。その中身に驚嘆し、感銘を受け、納得できた。

「とてもいいことを知った。自分がまたひとつ賢くなったようだ」

そう感じて、できることなら誰かにこの知識を伝達したいと思っていた。ところが、いざそのときになって、肝心なところが思い出せない。そんな経験は、誰にでもあるものでしょう。それは、覚えたつもりになっていた情報、知識にすぎないからです。こうした事態を避けるのに欠かせないのが復習です。

若い頃ならば、一度覚えたことを「忘れないように」と、何度も繰り返し読み返したりする作業を比較的スピーディにこなします。受験勉強であれば、単語帳やアンチョコを作って、何度も繰り返し復習したりしたものです。しかし、ある程度の年齢になると、その作業が億劫になってきます。

これは私の考えですが、おそらく、一度目にした情報というものは、その時点で「ああ、これは知っている」と勝手に判断してしまう。つまり、完全に知識を定着させていないのに、知ったようなつもりになってしまうのです。

きちんと習得した知識でないにもかかわらず、「もう知っていることなのだから」と早合点して、それで復習を疎かにしてしまうのではないか。

実際、脳の記憶力というものは、七〇歳くらいまでなら、若い人とそれほど大きな違いはありません。要は復習しないだけ。だから知識が定着せず、それが「物忘れ」というような表現で出てしまう。

こんなもったいないことはありません。

私は受験生に対し、ひとつのことを覚えたら三回は復習をするように言い続けています。新しい知識を入れた翌日、そして一週間後、さらに一カ月後。ここまで知識が残っていれば、まずその記憶は間違いなく、自分の頭の中に定着したと思っていいでしょう。

復習をしないというのは、勉強をしないのと同じといっていいでしょう。さらにいえば、復習という作業には、はじめてインプットした知識を重層的に補強する効果もあります。

復習という一度インプットされた知識や情報を確認するプロセスにおいて、その知識や情報に対する視点は最初のものではありません。知識や情報に対する新たなアングル、関連づけられる新たな知識や情報、その背景など、さまざまな要素が介在してきます。

別の表現をすれば、復習は新たな知識や情報との出合いの場でもあるのです。同じ知識や情報であっても、復習することによって、はじめにインプットされたときの表層的な知識や情報を裏打ちし強固にするのです。

つまり、復習とは単にインプットしたものをなぞるだけの作業ではなく、新たな知識や情報を身につける効果も持っているのです。

脳の閃きはメモで定着させる

「本当に何かを勉強しようと思っているのだろうか?」

最近、講義の場、講演の場で、どうも気になることがあります。私がそんな風に感じてしまうのは、メモを取らない人があまりにも多いからです。

人の記憶というのは、目で見ただけ、耳で聞いただけでは、ほとんど定着することがありません。それは、基本的には受動的な行動だからです。英語の動詞でいえば、「hear」や「see」という動詞で表現される状態といってもいいかもしれません。つまり「聞こえる」「見える」という人間としての単なる生理現象にすぎません。

これでは、効率的な知識や情報の習得ができるはずがありません。

講演なり、講義などで役に立つ情報を得ようというのであれば、大事なことは、自発的、能動的な姿勢を持つことです。そのために欠かすことのできないのがメモを取るということです。とくに書くという行為は言語中枢を使うのはもちろんのこと、大脳、小脳、海馬、扁桃体など、脳内のあらゆるパーツを刺激することにつながります。能動的なスタンスとは、脳を刺激し、体全体を使って知識を取り込むことなのです。

つまり、メモを取ることによって「hear」や「see」という生理現象でなく、「listen to」や「look at」という能動的行為となるのです。「何かを聞く」「何かを見る」という知識や情報の対象を明確にした姿勢が生まれるのです。

同じ知識や情報に触れたとしても、どちらを選ぶかによって、それらの習得や定着には雲泥の差が生じます。場合によっては、差どころか「無と有」の違いがあるといってもいいでしょう。

発言者の一言一句を漏らさず書き取る必要はありません。大事だと思ったこと、気になったところを、資料の余白部分に書いておく、ノートにさっとメモをしておく。これだけでもかなり違うはずです。自分で記録を残しておけば、会議後もう一度読み返そうと思います。もちろん、資料としても大きな価値がありますから、これは徹底するべきです。

「あれ？　昨日、すごくいいプランがひらめいたのに、なんだったっけなあ？　メモ取っておけばよかった」

誰にでもそんな経験の一度や二度はあるはずです。通勤電車の中、酒席、寝床の中、シチュエーションはさまざまです。思い出せれば儲けものですが、ほとんどの場合は忘却の彼方に消えたままです。地団太踏んでみたところで後の祭りです。

「さあ、仕事のプランを練るぞ」

だからといって、そんな掛け声で思考を試みても、人間の脳は不思議なもので、都合よくいいプランが浮かんでくるとはかぎりません。ところが、プランを練ることなど忘れているときに、予想もしなかったいいプランが湧いてくることがあります。

そんなときに大いに役立つのがメモです。残念ながら、こと、脈絡もなく生じるプランのようなものに関するかぎり、人間の脳には自分で書くメモほどには記録機能は備わってはいません。それほど、メモを取るという行為は有効なのです。

ある編集者から聞いた話ですが、彼の先輩にあたる元編集者は、かつてある雑誌の編集長を務めていました。画期的かつ斬新な企画で次々にヒットを飛ばし、大部数雑誌に育てたキャリアの持ち主です。ヒットの秘訣を問われた元編集長はこう答えたそうです。

「僕の家にはいたるところにメモとボールペンが置いてある。リビング、寝室はもちろん、風呂場、トイレにもね。いいプランが浮かんでも、忘れてしまったらもったいないじゃないですか」

その元編集長にとって、仕事場はデスクの上だけではないということです。

仕事であれ、趣味であれ、自然現象のように浮かんだひらめきも、ただ漠然と眺め、通り過ぎるままにしておいたのでは、忘れられてしまうのは必定です。

多重化人生においては、こうしたひらめきを有効に使わなければなりません。メモを取ることの大切さを知っておいてほしいものです。何事につけ、「listen to」「look at」そして「write」の習慣を忘れないでほしいものです。せっかくのひらめきが何の役にも立たないのであれば、自分の脳に対して申しわけが立ちません。

立場を越えて、成功者に学べ！

セカンドライフでの起業であれ、サラリーマン生活をやめての起業であれ、それがどんなに小規模のものであっても、世の中で成功を収めた経営者の方法を学ぶ姿勢は持つべきだと私は考えます。「世界が違う」「規模が違う」といった姿勢では、成功のヒントは見つけられません。

もちろん、起業ばかりではありません。同業他社、異業種を問わず、転職というセカンドキャリアにチャレンジする場合でも、学ぶべき点は数多くあります。

私自身、起業家のはしくれですが、そうした成功者の伝えられる言動、著作などからヒントを得る機会が少なくありません。

日産のカルロス・ゴーンのようにトップとして海外で叩き上げられた人は、やはりどんな局面にあっても、柔軟な発想と多重性を持って対処するスキルを身につけていると感心させられます。さまざまな会社で、社長として切り盛りし、あらゆる状況下でのマネジメントを学び、試行錯誤を繰り返してきた経験が大いに役立っているのだと思います。

逆に、異物混入事件に際して、日本マクドナルドのトップであるサラ・カサノバのとった態度は、カルロス・ゴーンとは対照的でした。

アメリカ式のやり方を踏襲するだけで、日本の食ビジネスに対応できず四苦八苦しています。異物混入事件の際にも、言い訳も屁理屈もこねず、頭を下げなければ日本の消費者は納得しないという風土を理解していませんでした。

彼女は「日本に入ってきた証拠はない」と突っぱね、火に油を注ぎました。危機管理術の未熟さを露呈してしまったのです。

さて、カルロス・ゴーンですが、どちらかというとコストカッターの典型で、日産の立て直しに関しては強力なリストラ策が功を奏したと思われています。しかし、やはりそれだけではなかったと私は見ています。リストラだけでなく、しっかりとした見直しもしていたと思います。

その典型が、日産の宣伝戦略の転換でしょう。おそらくそれまでの日産のCMは、広告代理店の案をのみこみ、予算を払って広告を製作していたのでしょう。ところがカルロス・ゴーンが社長になってからというもの、CMのイメージが一新されたのです。まずは有名タレントが登場しなくなりました。そして、車のコンセプト、イメージに合ったCMを作るようになりました。それが成功を収めました。

想像するに、カルロスは、いちいちCMの中身まで細かい指示を出したのではないと思います。

「タレントに数千万円のギャラを払って、ペイできるのか？　本当にそれでいいのか？コストに見合ったセレクトなのか？」とだけ。

そこではじめて、宣伝担当者も考えたのでしょう。広告代理店も同様でしょう。

「こりゃあ、殿様商売はできんな……」

すべてをしっかりと見直していたからこそ、日産の業績は回復していったのだと私は見ています。もし単に、社員のリストラだけで会社を立て直そうとしたならば、一時的な業績アップはできても、永続的な経営の健全化は不可能です。

カルロス・ゴーンの実績の伴ったキャリアが為せる技と感心せざるをえません。

サントリーHDの代表取締役に就任した新浪剛史氏も注目すべき人物です。三菱商事に入社後一四年で子会社のゾデック・ジャパン（現ＬＥＯＫ）の社長に就任。学校・病院給食の管理を行う小さな子会社で四年間実績を積んだ後に本社に戻され、外食事業畑を歩み、その後はローソン社長に。そして現在はサントリーＨＤ社長です。

創業者の縁故で入り、エリート教育を受けたという話はよくありますが、自分で実績を重ねてここまで上がってきた日本人経営者というのは、そうはいません。

こういう経験ができるのは、もちろん新浪氏の実績の賜物ですが、ある意味羨ましいものでもあります。

三菱商事というひとつの会社に入社しながら、多くの会社のマネジメントを体験することができたことです。**三菱商事時代の経験そのものが「多重」であったということかもしれません。普通ならこうはいきません。栄転なら「数年頑張れば、本社に戻って幹部コース」となりますし、左遷なら行ったきりの片道切符。それこそ、天下りの渡り鳥社長でもなければ経験できないことを、体験できたわけですから。それだけで十分、多重化人生に足る社会人生活をしているわけです。**

もっとも、新浪氏の意志であるかは定かではありませんが、サントリーＨＤがアメリカの酒造メーカーであるビーム社を買収した件に関しては、アルコール依存症が社会問題化して巨額賠償のリスクがある点を考えると、私自身は疑問を感じるのですが……。

少し前、中国のジャーナリストと話をしたときのこと。彼は自信満々に述べました。

「中国の政治家は日本の政治家とタフな交渉事があったとしても、彼らは勝てる。負けるわけがない」

その理由を問うと、中国の政治家は誰もが、政治学をしっかりと学びつつ、熾烈な戦いを勝ち抜いて地位に就いているからというのです。ナンバー1の習近平にしても、ナンバー2の李克強にしてもそうだというのです。はじめは小さな村の、共産党のボスから始まり、やがて市のレベルと、何度も闘い、ライバルを蹴散らして出世を繰り返してきたわけです。挫折も経験しています。「やるかやられるか」の世界を凌《しの》ぎ切っていた猛者なのです。

政治家として、多重な経験を経て今日があるということなのでしょう。

翻《ひるがえ》って日本の政治家はどうでしょうか？

世襲議員やエリート官僚出身者が多数を占めています。しっかりと政治学を勉強したうえで、多重な経験を積み重ねながら闘いを勝ち抜いて、宰相や大臣の座に就くという政治家は見当たりません。これでは、中国のジャーナリストの指摘に反論できません。

企業でも政治家でもそうですが、こういう人材が台頭してくれば、日本の国際競争力は、もっと高まるのではないかと私は思っています。

どんな多重的生活を目指すにせよ、カルロス・ゴーン氏、新浪剛史氏、成功した経営者、あるいは政治家の考え方などを学ぶために、彼らの著書に触れることも有益なことだと私は思います。

崩壊した「ゆとり教育」という教え方

ひとつのことを多方面から見ることをせずに失敗する人というのも随分います。

多重化人生というのは、ひとつの物事を多角的に捉えて判断し、物事をいい方向へと導いていくという効用もあります。一面だけからなにかを見て、決めつけてしまうほど怖いものはありません。

例を挙げるなら、日本の教育制度はその典型です。現在の日本の教育は、正直いって、決していいとはいえません。すでに崩壊したといっていい「ゆとり教育」という考え方は、まさにその代表格といってもいいでしょう。

この「ゆとり教育」を推進していたのは、寺脇研氏です。元文部科学省の官僚です。そして、その熱烈なサポーターだった人物が、ノーベル物理学賞受賞者で改革国民会議座長の江崎玲於奈氏でした。この江崎氏も、世にいる「その後、なにもできないノーベル賞受賞者」のひとりなのですが、日本人にノーベル賞受賞者が少ない理由として、「教育の詰め込み過ぎが原因だ」と糾弾したのです。それに対し、やはりノーベル化学賞受賞者の野依良治さんは座長を務める教育再生会議でゆとり教育を批判してはいますが、塾禁止とか、結局は勉強する時間を削る発言をしていました。

これらの問題で明らかにおかしいことがあります。

教育政策の決定機関のトップたちの人選です。実際には初等中等教育の現場に立ったことのない、東大の教授や官僚、そして研究者といった、机上の空論ばかりを述べている人たちだけだったということです。これは、世界を見渡してみても、少なくとも一定の教育制度が定着している国の中では、日本だけだといわれています。

そもそも、日本の教育をゆがませた本人というのは、私の母校でもある東大という説もあるのです。かつての日本は、東京教育大学が教育政策の主流でした。本当にいい大学で、教授の半分は、実際に教育現場を経験した教師出身者でした。それを、教師経験者がほとんどいない東大の教育学部の教授が主導権を握ったのです。そして、一九七八年に東京教育大学を閉学にし、代わりに筑波大学を作ってしまったわけです。現場の声を無視し、官僚や学者を巻き込んで自分たちの空論だけで都合のいい教育政策を始めてしまったのです。

それまでの相対評価（全体の中で自分がどのくらいの位置にいるかで評価される方式）から、絶対評価（他人と比べるのではなく、みんなに絶対点をつける評価システム）に切り替えることで競争意識をなくしてしまったのです。

問題をやさしくすればクラス中が'Aという評価ができるのです。結局、そういう教育を導入したことで、子供たちも学業面で他人を意識することがなくなり、自分に対して甘くなるという悪循環も招いたわけです。スクールカースト、いじめといった問題がひどくなったのも、ゆとり教育を導入してからです。

すべては、現場も知らず「自分たちの理論が正しい」と思い込んで政策を進めてしまったからこそ生まれた結果といえるのです。

一方からしか物事を見ず、しかも権力や名声を武器に、反対側の意見にまったく耳を貸さずに進めてしまったのですから、当然のこととして教育現場に歪が生じます。

もちろん、机上の論理を提唱するのもあっていいと思います。しかし、やはり実際に現場を動かしているのは現場の先生なのです。そちらの意見を聞かずして、上手くいくはずがありません。

江崎玲於奈氏は研究者としては素晴らしい業績を残しました。しかし、いくらノーベル物理学賞を受賞したといっても、小学校や高等学校で教師の経験があるわけではありません。

おそらく東進ハイスクールの名物先生である、物理学者の橋元淳一郎さんのほうが、江崎氏よりも生徒に物理を教えるのは、はるかに上手なはずです。

研究者としてトップに立ったとしても、物理の教育では現場の先生に勝てないのです。物理ですらそうなのですから、その人が、国語、英語、数学他、教育のトップに就くこと自体がおかしいのです。

「餅は餅屋」という言葉があります。すべてに当てはまる原理だとは思いませんが、ことに教育制度の構築は、さまざまな問題を知り尽くした教育の最前線にいるプロフェッショナルに任せておくべきだと私は強く思います。

多重的に判断することができる人がトップにいれば、ゆとり教育という制度も違った形で効果的な教育法になったのかもしれません。

なんとも残念なことです。

今の仕事だけでいいのですか？
人生を「多重化」するすすめ

著　者　和田秀樹
発行者　真船美保子
発行所　KK ロングセラーズ
東京都新宿区高田馬場 2-1-2　〒 169-0075
電話（03）3204-5161（代）　振替 00120-7-145737
http://www.kklong.co.jp

印　刷　太陽印刷工業（株）　製　本　（株）難波製本
落丁･乱丁はお取り替えいたします。※定価と発行日はカバーに表示してあります。
ISBN978-4-8454-2346-0　C0030　Printed In Japan 2015